细说中国史

中国史

列国争雄 之 战国

兰 星 ◎编著

团结出版社
UNITY PRESS

图书在版编目（CIP）数据

列国争雄之战国 / 兰星编著. -- 北京 : 团结出版
社, 2024.1
　　（细说中国史）
　　ISBN 978-7-5234-0316-7

　　Ⅰ.①列… Ⅱ.①兰… Ⅲ.①中国历史—战国时代—
通俗读物 Ⅳ.①K231.09

中国国家版本馆CIP数据核字(2023)第138967号

出　　版：团结出版社
　　　　　（北京市东城区东皇城根南街84号　邮编：100006）
电　　话：（010）65228880　65244790（出版社）
　　　　　（010）65238766　85113874　65133603（发行部）
　　　　　（010）65133603（邮购）
网　　址：http://www.tjpress.com
E-mail：zb65244790@163.com（出版社）
　　　　 fx65133603@163.com（发行部邮购）
经　　销：全国新华书店
印　　刷：三河市金兆印刷装订有限公司

开　　本：710毫米×1000毫米　16开
印　　张：12
字　　数：200千字
版　　次：2024年1月　第1版
印　　次：2024年1月　第1次印刷

书　　号：978-7-5234-0316-7
定　　价：39.80元

序　言

中国是一个拥有悠久历史和灿烂文明的国度，中国作为世界上最古老的文明古国之一，拥有着灿烂辉煌的文化和悠久的历史传承。从五雄争霸之春秋到军阀混战之民国，中国历史如同一幅波澜壮阔的画卷，展现了数千年的辉煌与沧桑。

历史的巨轮滚滚向前，在人类历史的长河中，中国历史起着十分重要的作用，并具有其独特的历史地位。这不仅体现在其悠久的历史传承上，更在于它对人类文明的发展产生的深远影响。中国历史可以追溯到数千年前。在这漫长的历史长河中，中国经历了历朝历代的更迭，从夏朝的建立到清朝的灭亡，每个朝代都有其独特的政治、经济、文化等特色。这些朝代的兴衰变迁，不仅是中国历史的重要组成部分，更是人类文明发展的重要见证。

这部《细说中国史》系列丛书旨在为读者呈现一幅全面而细致的中国历史图景。以通俗易懂的语言，结合丰富的史事，尽力做到还原历史原貌。

另外，历史各期的政治制度、经济发展、科技创新、文化艺术等方面都有着丰富的内涵和独特的魅力。通过了解这些，读者可以更好地理解中国的现代化进程，以及中国历史在世界历史舞台上的地位和影响力。

同时，本系列丛书也将关注历史背后的社会背景和文化传承；探讨源远流长的中国文化，如儒家、道家、佛教等思想流派的兴起与传承；展示中国科技的辉煌成就，如四大发明、丝绸之路的开辟等。

本系列丛书可以让读者穿越历史的时空，追溯历史的起源，探索历朝历代的荣辱兴衰，感受历史人物的悲欢离合，并寻找历史规律，从而以史为镜，正己衣冠。

总之，衷心希望这部《细说中国史》系列丛书能帮助读者更好地了解中国的历史和文化，并感受其独特的魅力。

　　由于历史的复杂性和多样性，这部《细说中国史》系列丛书难以涵盖所有方面，不免挂一漏万。同时，历史研究也在不断发展和更新，我们将尽可能参考最新的学术研究成果，尽量做到准确且客观地叙述。期待读者在阅读过程中提出宝贵的意见和建议，诚挚感谢。

目 录

第四章　齐国的落幕

第五章　国之纵横

第六章　谁与争锋

第七章 齐国的灭亡

第一章 七雄争霸

公元前 403 年，周天子失势，韩、赵、魏三国向周天子提出封侯的要求，战国的序幕由三家分晋开启，成百上千的小国在割据与吞并中形成了几个独立的大国。其中，韩、赵、魏三国从晋国脱离出来，成为独立的大国，这三个中原大国和秦、齐、楚、燕四国并称"战国七雄"。这也意味着春秋时代的结束，七雄之间争霸的战火点燃，残暴血腥的杀戮由此开始。

战国的序幕——晋阳之战

春秋末年，各国诸侯都被争霸斗争和接连不断的兼并消耗得没有一丝精力，这就使得一些卿大夫有了趁虚而入的机会，他们借此收买人心。这种现象在晋国极其明显。由于晋国王权的逐渐衰落，智、韩、赵、魏、范、中行这六大家族掌管朝中政务，卿大夫之间为了扩大势力，互相倾轧。

吴越之争后，这种情况愈演愈烈。后来，智伯与韩、赵、魏三家联合，共同消灭了范氏和中行氏，并瓜分了他们的土地。但他们依旧贪婪，企图吞并彼此，晋阳之地岌岌可危。

在公元前 464 年，智伯率军包围郑国，在计划攻打郑国的都城桔秩之门时，智伯命赵襄子先攻城，而赵襄子认为智伯也在前线，为什么不自己率先攻城？于是拒绝了智伯的命令。

智伯猖狂自大，赵襄子抗命他当然不能就此罢休，他对赵襄子说："丑而无勇，何以为太子？"

有一次在酒宴上，智伯殴打了赵襄子，还大放狂言，建议赵简子废掉赵襄子的太子之位，赵简子没答应。因为这件事，智伯与赵襄子之间的仇怨又加深了。

智伯为了增强自己的实力，开始不断向韩、赵、魏三家索要人口和土地。最初，智伯向韩氏索要，韩康子并不想交出土地。家臣段规谏言："智伯为人贪婪残忍，经常会为一己私利大打出手。如果不交出土地，他定会出兵包围韩氏一族。您不如先给他一块土地，他如此掠夺成性，一定还会去其他地方索要土地。如果他们不愿交出，他一定会出兵相逼。这样的话，韩氏一族就能免受灾难。"韩康子听了段规的劝谏，献出了一个万户邑给智伯。智伯一看自己这么无礼的要求都能得逞，很是开心。野心极大的他，于是又打算去向赵、魏两家索取。

魏桓子也不愿给，家臣任章问："为什么不给？想要夺取他，就先给予他。"魏桓子说："智伯这叫硬抢，无缘无故索要土地，怎么能给呢？"任章分析道："智伯无缘无故索要土地，假如我们应允，他就会越发蛮横。而被他索取土地的其他家族就会相互亲近，因为彼此团结，所以一旦引起争端，就能够联合起来攻打蛮横的智伯。他一定活不长的。"

魏氏交出土地，依然不能满足智伯的胃口，他又去向赵氏索要。然而，无论是从个人恩怨角度还是关乎赵氏的整体利益，赵襄子都不会将土地转送他，而赵襄子倒想借这个机会与智伯翻脸。

愤怒的智伯召集韩、魏两家一同发兵赵氏，想要一举歼灭赵氏一族。

赵襄子一看形势不妙，于是决定撤退。但退往哪里呢？

有人提议去长子，那里有高大且坚固的城墙。赵襄子反对："不行，城墙是百姓辛苦劳动的成果，百姓竭尽全力才把城墙修好，又要他们拼死为我抵御，以后谁还能与我同心呢？"

有人提议去邯郸，那里粮草充足，不用担心没有粮食。赵襄子又说："不行，仓库充足是压榨百姓、搜刮民脂得来的。百姓生活不易，我们本来对百姓就有愧，如今难道还要让他们为我们守城吗？"

经过一番深思熟虑后，赵襄子决定去晋阳。

当初，范氏、中行氏攻打赵氏时，赵简子就撤退到晋阳。赵简子派家臣尹铎治理晋阳，尹铎请示赵简子："治理晋阳的目的是抢夺民脂民膏呢，还是让百姓富足，一起修城筑垣？"赵简子答："当然是使百姓富足呀。"尹铎表示，如果有一天赵氏遇到困难，不要嫌晋阳偏远，也不要嫌他能力有限，有难就来晋阳。

尹铎在治理晋阳期间，轻赋税徭役，百姓安乐富足，生活安居乐业。

来到晋阳的赵襄子四处环望，发现晋阳城的城墙非常坚固，府库充足，粮草丰盈，民心稳定，唯独短缺抵御敌军的弓箭。既是守城，没有弓箭怎么能行？赵襄子正在为这事发愁，家臣张孟谈说："当初，董安于在建造晋阳城的时候就想过这个问题，建造宫殿的墙垣可以拿来做箭杆，即将大铜柱拆下来再熔化掉，箭头就有了，还愁没有弓箭吗？"赵襄子随即按照这个方法制造了几十万支弓箭，这下守城御敌就不用担心了。赵氏全军只待联军到来。

智伯果真率韩、魏两家联军来晋阳城外。但由于晋阳城坚固，资源充足，联军连续攻打三个月都毫无战果，于是智伯改变了策略，即率领联军包围晋阳城，企图将城内的人困死在其中，但智伯不知道晋阳仓廪充足。就这样，一年过去了，赵襄子也丝毫没有要投降的意思。智伯耗不起了，于是就想了一个不动一兵一卒的好办法，他在汾水和晋水之上筑起大坝，将河流截住，并修建水渠，引水灌到晋阳城，晋阳的百姓纷纷爬到高处，在屋顶生活。这样坚持了一段时间后，城内粮草告急，士兵因防守而精疲力尽，但是依然在顽强地固守晋阳城。但这样下去，终究不是办法。

为了城中的百姓，也为了能早点结束这场持久战，赵襄子和张孟谈一同商讨对策："晋阳城人困马乏，城内粮食紧缺，这可怎么办？"张孟谈说："如今我效力的家族遇到这么大的困难，倘若不能保全，我们的存在就没有价值了。不如我去找魏桓子和韩康子，如果能联合他们，我们就还有扭转局势的可能。事到如今也只能铤而走险，试上一试了。"

这天晚上，张孟谈悄悄地从高高的城墙上溜下来，来到魏桓子和韩康子的军营，和他们进行秘密协商。张孟谈说："智伯极具野心，这次能发兵赵氏，那剩下的你们，他便会一一攻破，到时即便是想要对抗智伯，还会有打败他的实力吗？不如我们三家联合起来对付智伯，以后晋国的事由我们三家决定，怎么样？"当前的局势已经分析得很透彻了，魏桓子和韩康子开始有些动摇。

另一边，智伯还在暗喜，他觉得自己胜利在望，拿下晋阳城也只是时间问题。他的骄横使他轻敌。一天，他和韩康子、魏桓子在观察晋阳城的形势时，高兴地说："河流的用处就是大，既能护城也能灭城，用晋国的水灭掉晋国，也算是肥水不流外人田！如此说来，汾水和绛水也不能浪费，汾水可以引向安邑，而绛水就可以导向平阳。"魏桓子和韩康子心里不禁直打战，果真被张孟谈说中，智伯早就对他们起了杀心。两个人都露出紧张的神情，相互对视之后便默契地下定决心：与赵氏结盟，借此机会共同对抗智伯。

这时智伯才意识到一不小心说漏了自己的心声，忙解释："你看我这张嘴，你们千万别放在心里啊！"

"怎么会，不敢不敢。"两人连声道，但内心都对智伯起了戒心。

骄横自大的智伯自然不把韩、魏放在眼里，天真地以为胜利指日可待。而智伯的一个属下郄疵看出来一些迹象，于是提醒智伯："不要太轻敌，韩康子和魏桓子这两个家伙也不是什么省油的灯，他们迟早有一天会背叛你。"智伯诧异，郄疵解释道："你想一想，我们与他们原本约定好，消灭了赵氏就瓜分土地。如今晋阳城眼看就要攻破，韩康子和魏桓子居然一点都没有高兴的神色，反而面带忧虑。如果真是如此，那他们一定有造反之心。"

智伯并不相信郄疵的话，还将郄疵提醒他的话告诉韩康子和魏桓子，企图试探二人，韩康子和魏桓子早已下定决心反抗智伯，就一口咬定对智伯并无二心，还对智伯说："您不要听信谗言，一定是奸臣在替赵氏游说，挑拨我们三家的关系。现在虽然胜利在即，但也是最重要的时刻，您可千万不要上当啊！我们怎么可能会背叛您呢？"二人一席真诚的话让智伯不再怀疑，韩康子和魏桓子刚走，郄疵就进来告诉智伯："您怎么能把我对您说的话告诉韩康子和魏桓子呢？"智伯疑惑郄疵怎么知道，郄疵解释说："仅凭那两人的神态就能猜出一二。"不论郄疵再怎么解释，智伯还是不相信韩、魏两家会谋反。为了保全自己，郄疵就想了个计策从智氏处脱身去齐国了。

刚回到营地的韩康子与魏桓子找来张孟谈，三人同仇敌忾，共同商讨联合对抗智伯之事。晚上，智伯被冻醒，出去一看，发现大水已经漫延到自己的营帐里，起初他还以为是大坝出了问题，于是让卫兵将漫水口堵上，可忽然听到外面一阵阵的厮杀，这时才意识到韩康子和魏桓子真的反了。原来，他们改变了水的流向，将原本引向晋阳的水引向了智伯的军营。

见大势已去，智伯在大将智国的保护下乘着小船逃了出去。第二天早晨，天刚蒙蒙亮，船就靠了岸，智伯还以为自己能逃过这一劫，却看到了一个他最不愿看到的人——赵襄子。无奈之下，智国选择了自杀。智伯被赵襄子所杀，智氏被灭。随即智氏的土地也被韩、赵、魏三家瓜分。赵襄子和智伯积怨颇深，智伯的死还不够解赵襄子心头之恨，于是赵襄子又将智伯的头颅砍下，并涂上漆，当酒器使用。

局势分析

晋阳之战是一场以少胜多的防御战。

当智伯用水淹没晋阳城时，坚守城池已经到了最困难的时候，赵襄子和将士们用尽全力固守城池，然后利用了韩、魏两家与智伯之间的利害关系，巧施离间之计，使智伯的联军战线土崩瓦解。这样一来，智伯就陷入了孤立的处境。赵襄子最终联合韩、魏两家冲出围城，这才反败为胜。

大水灌进智伯的军营，给智伯致命一击，智伯毫无防备，无力还击。

作战中，智伯围困赵襄子一年有余。他愚昧，给了同盟者反叛之机，更不能洞察同盟者的言语和神色，被人趁虚而入。临危之际，他乱了阵脚，没有与将士们一起奋力抵抗，却选择仓皇出逃，最终被赵襄子活捉。另外，智伯恃强凌弱，骄横贪婪，性格暴躁，因此不得民心。加之其随意使用武力，四处树敌，陷自己于绝境只是时间问题。

这场战争标志着战国时代的开始，由此迎来了一个充满血腥、暴力、卖弄权术、争相诡辩的时代。可见这次战役在历史上意义之深远。

说点局外事

智伯家族被灭门之后，他的一个忠实的家臣豫让对智伯怀有感激之情，立誓要替智伯报仇。于是他就改名换姓，并将自己化装成受过刑罚的人，偷偷潜入赵襄子府中的茅厕，他在衣袖里藏有一把匕首，伺机行刺，结果却被

赵襄子发现。当赵襄子审问豫让为什么潜入府中时，豫让直言："我想要为智伯报仇！"旁边的侍卫想要杀掉豫让，赵襄子却说："他是义士，以后我小心避开他就是了。智伯没后代，他死后他的家臣却一心想着为他报仇，可见他是难得的贤士！"最后就让豫让走了。

不久，豫让再次动了报仇的念头。为了不被人认出，他将周身涂满漆，他的皮肤因此溃烂生疮。另外，他还吞下炭火使自己的声音变哑。之后连他的妻子都认不出他。

一天，豫让坐在街边乞讨。一个朋友认出他，便问："豫让，是你吗？"豫让平静地回答："是我。"朋友看他这番模样便流下泪来，说："你怎么把自己弄成这个样子，凭你的能力，侍奉赵襄子，一定会得到重用的。到那时你再做你想做的事，不轻而易举吗？"豫让回答："侍奉他，再杀掉他，这是抱着异心。我明白，我现在这样做很艰难，但我就是要让天下抱着异心去侍奉君主的人心存内疚。这种做法是有悖君臣之义的！"

豫让掌握了赵襄子出门的时间和路线。有一天赵襄子骑马外出，豫让就在赵襄子必经之路的一座桥下埋伏，当赵襄子过桥时，马儿受到惊吓，于是敏锐的赵襄子觉察到有人想要刺杀他，而此人极有可能就是豫让。于是他让手下人打听，果不其然，刺杀者正是豫让。

赵襄子再次问豫让："您曾经侍奉范氏、中行氏，他们后来都被智伯消灭，而你为什么不为他们报仇，反倒去智伯那里做了家臣。如今智伯死了，你怎么只为他报仇呢？"豫让说："在我侍奉范氏和中行氏期间，他们只当我是一般人，所以我以一般人的方式报答他们，而智伯待我如国士，所以我应当像国士那样报答他的恩情。"赵襄子听后感动万分，但这次无论如何也不能像上次那样放他走。豫让知道报仇无望，就请求赵襄子脱下一件外衣，给他一个"报仇"的机会，赵襄子答应了。豫让拔出利剑，多次跳起刺向赵襄子的衣服，然后仰天长叹："如今，我终于替智伯报仇了！"说毕便拿剑自刎了。

墨家学说的创始人——墨子

春秋战国时期，纷争不断，各国之间为了争夺利益频繁挑起战争，弃天下百姓于不顾。

战国初期，楚国为了攻打宋国，就找到公输班制造云梯这种战争器械。墨子听到这个消息之后，为了阻止战争的发生，立刻动身自鲁国出发，走过了漫长的路程，终于到达楚国的郢都，随即登门拜访这位制造机械的公输班。

公输班见到墨子非常客气，问："先生您远道而来，有什么指教吗？一定是有什么大事吧？"墨子回答："在北方，有一个人总欺负我，今天我找您是希望凭借您的力量帮我除掉他。"听到这话，公输班有点不高兴，他想："这是你和别人之间的恩怨，和我有何关系？"墨子接着说："如果您能帮我杀掉他，事成之后，我会给您一千两黄金。如果您答应我，现在我就能付一部分定金给您，您觉得如何？"

公输班回答："我有原则的，仁义非常重要，我不会无缘无故杀人，别再浪费口舌了。"墨子对公输班的为人是有一定了解的，公输班既然这么说，就说明他明白这个道理，于是墨子起身对公输班恭敬地拜了拜，说："我在北方时就听说，您要帮助楚国攻打宋国，为楚国制造云梯，有这件事没错吧。但您想想看，宋国有错吗？楚国地大物博，人口虽不多，但资源充足；而宋国弱小，远远比不上楚国，并且又没有什么过错。可为什么楚国却要攻打宋国，争夺它的土地和臣民呢？这就是仁义吗？如果您明白这个道理，却不去和君主说明，这就叫不忠；如果您只是浅显地争论，最终屈服，这就叫软弱无能。我知道您是一个仁义的人，也正因为如此，您才没有答应帮我报仇。可您却答应帮楚国攻打宋国，让宋国的百姓遭受失去家园、失去亲人甚至生命的灾难，您所说的仁义又怎么理解呢？"

公输班听了墨子的一番话，觉得很有道理，但也没有对此表明自己的态度。他想："事情已经发展到了这个地步，答应的事再反悔没那么容易。"墨子接着说："其实我知道您已经明白这其中的道理，只是不愿改正，这样做到底为了什么？"公输班透着一脸的无奈回答："我事先已经答应楚王了，现在反悔就是不讲信用，您怎么就没有想过我的安危呢？"墨子说："那就请您把我引荐给楚王，您不愿意和他争论，就让我说服他吧！"公输班心里十分忐忑，他也想知道自己制造出来的器械到底有多大的威力，听了墨子的话后，又觉得很有道理，内心有了阻止战争的想法，于是同意他的请求。

公输班将墨子引荐给楚王，墨子拜见楚王，说："有这样一个人，他有华丽的车子却不愿坐，偏偏喜欢上了邻家破旧的车子，还想着把它偷过来，据为己有；他有鲜艳且昂贵的衣服却不愿穿，偏偏想要偷邻家的粗布衣；他家有美味的食物，可他却想偷邻家的粗食。我想问您，这样的人到底该称作是什么人呢？"楚王听后大笑道："我看啊，这样的人一定是有盗窃病，否则怎么会有这么愚钝的想法！"

墨子一听，接着说："楚国有上千里的土地，而宋国只有方圆百里，这二者就是华丽的车子和破旧的车子相比；楚国有美丽的山水、珍贵稀有的动物，而宋国连兔子、野鸡都很难看见，这就是美味的食物和粗茶淡饭相比；楚国有珍奇的树木，而宋国连大树都不多，这就是鲜艳昂贵的衣服和粗布衣相比。所以我认为，楚国想要攻打宋国和以上的道理是一样的。"

楚王认真想了想墨子的话，说道："先生您说的我明白，但在我计划攻打宋国之后就让公输班制造了云梯，而宋国这片土地我也势在必得。"墨子并不示弱，楚王能做出这样的回应他早就想到了，于是他笑着对楚王说："就算大王您使用公输班制造出的云梯攻打宋国，您也不可能打败宋国。"

楚王当然不相信墨子斩钉截铁的话，于是召公输班进宫。为了证明自己所说的是对的，墨子把自己的外衣脱下来当作宋国的城池，另选取了一些竹片当作防御敌人的工具；另一边，公输班也不甘示弱，用自己的办法来谋划攻城。但是公输班试了很多方法，最终都被墨子牢牢抵御住，"城池"怎么也无法被攻破。后来公输班黔驴技穷，而墨子守城的办法很多还没派上用场呢。

公输班没了对策，但就这么输给墨子，他心有不甘，于是他说："我知道怎么对付你，只是我不说罢了。"墨子清楚他的意图，回应道："你所想的计谋我心里很清楚，我也不会说的。"

两人就这么打着哑谜，一旁的楚王一脸疑惑，询问究竟是什么计谋，墨子告诉他："公输班攻破宋城的计谋就是杀了我。杀了我，宋国就难保了。但是他又错了，我的几百名学生现在就在宋国，他们拿着守城用的兵器正等着你们，即便你们杀了我，你们成功的机会也是很小的。"

楚王一听，知道想要攻打宋国并没那么容易，就对墨子说："好吧，我不攻打宋国了。"墨子听后很开心，此次前来没有白费口舌，宋国的百姓终于幸免于难。

墨子用他的思想和强有力的辩论成功说服了楚王，维护了国家之间的和平。返回路上，墨子经过宋国，恰巧天降大雨，就去闾门避雨，但闾门的人却拦住他，不让他进去。

墨子著的《墨子》一书，主要记录的是墨子及其弟子的一些重要言行和思想。墨子主张"兼爱非攻"，就是倡导人与人之间要相互关心，相互包容，友好相处。这是墨家思想中最重要的一点。

人与人之间不能无缘无故就相互攻击，国家之间也是一样。墨子反对没有原因的战争。墨子认为，一旦发生战争，百姓就会遭殃，农耕必须停滞，百姓终年就没有收成。然而，墨子并不反对防御之战，墨家在守城攻防方面的经验是非常丰富的。

局势分析

墨子很清楚这场战争的性质，楚国对宋国不义，所以他长途跋涉来到楚国，想尽办法去阻止这场战争的发生。也正是因为墨子站在了仁义的立场上，才使得公输班和楚王都心服口服。

当时，楚国强盛，宋国弱小，并且楚国攻打宋国势在必得。在这种情况下阻止战争，使楚王改变攻打宋国的念头没那么容易。但墨子凭借自己的智慧和能言善辩的才能说服了楚王。更重要的是，他能对对方的攻击套路展开防御。

公输班只知无缘无故地杀人是不讲道义，却不知道百万雄兵攻打宋国会死伤更多的人。在墨子晓以利害之后，公输班无力反驳，就将道义的责任转移给楚王。

面对楚王，墨子的论据条条切中要害。

事实上，仅凭陈述道义是不够的，还要有能够压倒敌人的雄厚实力，这样才能打消敌人攻占的决心。墨子明白这个道理，于是他脱下外衣当作城池，如果公输班不能在战术上获胜，那么即使楚王想攻打宋国，也得考虑一下宋国的防御能力。墨子以这些方式成功让楚王放弃了攻宋的念头。

说点局外事

早在春秋战国时期，墨子有一个得意弟子名叫耕柱，但是他时不时就会受到墨子的责骂。

有一天，墨子责备耕柱，这让耕柱的心里委屈极了，墨子的门生众多，大家也都认为耕柱是其中最出类拔萃的，但不知为何，他常常受到先生的指责。这天，耕柱带着委屈问先生："老师，您有这么多弟子，我在您心中是最差劲的吗？为什么每次受到责骂的都是我？"

墨子并没有直接回答他，而是问他："如果我要去太行山，你觉得我应该用马还是用牛拉车呢？"

耕柱立刻答："当然是用马拉车。"

伯夷和叔齐向耕柱追问道："为什么不用牛拉车呢？"

耕柱说："因为只有好马才能肩负重任，值得驱赶派遣。"

墨子语重心长地说："你说的没错，我责骂你是因为觉得你能肩负重任，值得让我悉心教导，因此我时常用严厉的话纠正你。"

"田齐"的诞生

陈厉公作为陈文公的小儿子自然是没有资格继父位的。陈文公去世后，陈厉公的哥哥鲍即位，是为陈桓公。陈厉公与陈桓公是同父异母的兄弟。陈厉公的母亲出身高贵，是蔡国的公主。

陈桓公即位后三十多年，在一次生病时，蔡国人杀死了陈桓公。后来陈厉公即位，娶了一个蔡国的女子为妻，但这个女子不守妇道，背着陈厉公和蔡国人通奸，而陈厉公也经常去蔡国找他老婆。陈桓公虽死，但他的小儿子陈林对陈厉公怨恨极深，想要杀死陈厉公报仇，于是就暗中派蔡国人将陈厉公骗出来并杀掉了他。为了夺得国君之位，陈林自立为君，称为庄公。而陈厉公之子陈完离国君之位则更遥远，此时的他只是陈国的一个大夫。

陈庄公在位的时间并不长，只有短短的七年。他死后，他的弟弟杵臼被立为国君，是为陈宣公。后来陈宣公杀死了陈完的好友太子御寇，陈完害怕受牵连，就投奔到齐国，后改姓为田，是为田完。这件事发生于齐桓公十四年（公元前 672 年）。

当时齐桓公身边有管仲和鲍叔这两个得力助手，而齐桓公也想争夺霸主之位，正在四处招兵买马，广纳贤才。齐桓公想要任田完为卿，田完再三推辞："我只是寄人篱下的小臣，如今我能有幸得到宽恕，已经很满足了，不敢担任这么高的官职。"齐桓公只好暂且先让他担任工正（掌百工之官）。

田完足智多谋，齐国大夫齐懿仲很欣赏田完，想促成一段姻缘，就想将自己的女儿嫁给田完。为此，齐懿仲特地找人占卜，占卜的结果说："是谓凤凰于蜚，和鸣锵锵。有妫之后，将育于姜。五世其昌，并于正卿。八世之后，莫之与京。"就是说妫氏的后代田氏，未来将在姜姓之地长大。经五世之后，定将成就兴盛发达之象，并且能获得正卿的地位。经八世之后，地位之高无人能及。

齐懿仲欣喜，将女儿嫁给了田完。

田完生穉孟夷，穉孟夷之子为闵孟庄，闵孟庄之子为田文子须无。田须无在齐庄公身边侍奉，齐庄公对其很是赏识。后来田须无去世了，他的儿子无宇，是为田桓子。田桓子智勇双全，齐庄公很器重他，还把自己的女儿嫁给了田恒子。公元前 540 年，田桓子任上大夫爵位。虽然上大夫并非卿，但和卿的地位不相上下。这与曾经占卜的五世之后定显昌盛，并且担任正卿的话相吻合。

自齐桓公之后，齐国的历代君王都贪图享乐，不断搜刮民脂民膏，百姓怨声载道，社会也开始变得动荡不安。然而，田桓子却为黎民百姓着想，也因此受到了百姓的拥护和爱戴。

田氏还拿出一些钱财救助受灾的百姓，民心所向，许多民众纷纷去了田氏的管辖区。渐渐地，田氏日益强大，齐国公室逐渐衰微。

晏子再三提醒齐景公，而齐景公虽然认同晏子的说法，并对田氏一族加以权力限制，但力不从心，解决不了实际问题了。

公元前 539 年，齐景公派晏子作为使者出使晋。私下同晋国交好的大臣叔向说："虽然田氏并没有获得什么大的功绩，但却能施与百姓私人恩德，对百姓有恩，百姓自然会拥护他，齐国的政治大权最终可能会落到田氏手里。"

公元前 532 年，当时的齐国由齐惠公之孙栾施和高彊掌权，田桓子同鲍氏联合起来与栾施、高彊进行了一场较量。很快，栾施和高彊战败，二人仓皇逃到鲁国。

田、鲍将栾、高的土地和财产瓜分了。晏子对田桓子说："必须把瓜分来的家产归还景公。"于是田桓子决定将自己所得的封地都奉送给了国君。为了回报，齐景公也送给田桓子一些封地，他再三推辞不敢接受。后来齐景公的母亲穆孟姬让景公赐高唐给田氏，这样一来，田氏的势力愈发强大，与此同时，他还把被流放国外的朱公子都请了回来，并且恢复他们的封地，借此希望能够得到公室的支持和推崇。田桓子的儿子田乞在齐景公身边侍奉，很受齐景公的宠爱。田乞想要在诸侯国中树立强大的威信，他极力劝说齐景公支持范氏和中行氏，后来，齐国派田乞援助范氏和中行氏，还为他们送去了一大批的粮食。

十年间，齐国民心的天平向田氏一方倾斜，民众如流水般去往田氏的封地，田氏获得了百姓的拥戴。

接下来，第二次斗争开始。田氏要实施了他的第二步，就是整装待发，逐一消灭强大的宗族。齐景公生病了，就让国夏和高张一同辅佐他的爱姬芮子所生的儿子荼为太子。后来景公因病去世，由荼继承，就是晏孺子。但田乞对此很不满，他想要立景公的另一个儿子阳生为君。田氏与阳生之间的关系很好，自晏孺子即位以后，阳生就离开齐国逃到了鲁国。

田乞表面上对高、国二相尽心尽力侍奉，实际上费尽心机挑拨离间，让大夫与高、国之间的关系逐渐僵化，这就导致了一场蓄谋已久的夺权之战。田乞对高、国二相说："一开始各大夫都不想让孺子即位，现在孺子即位之后，你们二人就被任命为相国，各大夫都只考虑个人安危，蓄意从中作乱。"

田乞用谎言欺骗各大夫："国夏和高张表面看上去正直忠心，实际上他们很可怕，趁他们还没有做出什么举动，我们还是先动手吧！"大夫们都听了他的话，田乞联合鲍牧与各大夫率领军队闯进了宫廷。这个时候，高张一听说这件事，立刻和国夏一同去救助国君，最后国君的军队以失败告终。田乞的部下为了能抓住国夏，一路追了过去，国夏逃到了莒国，晏圉逃亡到了鲁国。

政权夺回后，田乞立即派人把阳生接了回来。回国之后，阳生就躲在田乞家里，田乞把各大夫都邀请到家中，并对大夫们说："家里有祭祀的酒肉，还请各位赏个脸过来聚一聚。"各大夫都到了田氏家里饮酒，田乞把阳生藏起来，放在最中央的位置。饮酒的时候，田乞让阳生出来，对各大夫说："这个才是我们齐国的国君！"

大夫们见了都俯首叩拜，并定下了盟约拥护阳生，田乞撒谎说："谋划拥护立阳生为君的不只我一个，还有鲍牧。"鲍牧听了带着怒气，兴冲冲地说："大夫难道不记得景公去世前的遗命了吗？"大夫们议论纷纷，有反悔的意思，阳生立刻叩头说："如果你们觉得我有能力就立我，觉得我不行那就算了。"

鲍牧害怕引火上身，立刻为自己刚刚说过的话解释说："其实都是景公的儿子，怎么能说不行呢！"就这样，阳生在田氏家里被立为国君，也就是悼公。为铲除异己，齐悼公派人将晏孺子赶到了骀县，把孺子荼杀死了。齐悼公即位之后，田乞担任了相国，掌握齐国政权。

后来田乞去世了，他的儿子田恒（田成子）继续担任相国。

斗争从未结束，人性的贪婪永远没有尽头。第三次斗争也即将展开。

当初在立阳生为国君的时候，鲍牧就否认与田乞合谋，他对悼公并非忠心，后来随着二人的关系日益激化，鲍牧杀死了悼公。悼公的儿子壬很受齐国人的拥戴，于是李壬为君，也就是齐简公。

负责辅佐简公的左右相国是田恒和监止。同为辅佐简公的相国，偏偏监止受简公宠信，这让田恒的内心失去了平衡，他开始嫉妒监止。

子我和监止是同族，平时和田氏的关系并不好，田氏有一个远房同族叫田豹，由于侍奉子我而受到宠幸。一天，子我对田豹说："我想要把田氏的直系后代都杀光，一个不留，然后让你来掌管并接续田氏的宗族。"田豹听了心里一惊，回答说："可我只是田氏的一个远房同族啊！"

子我不以为然，后来田豹找机会见到田氏，立刻把这个消息告诉了田氏，他对田氏说："子我想要灭掉田氏，杀光田氏子孙，先下手为强，如果耽搁，灾难很快就要来了。"子我在简公的宫里居住，田恒兄弟共四人一同乘车进入宫中，准备杀掉子我。子我紧闭房门躲避灾祸。这个时候，简公正在和自己的宠妃在凉亭饮酒。听到田恒擅自带兵进宫，便想要把田恒赶出去，太子余说："田恒不敢反，他只是想要除掉国家的祸害。"听了这话，简公才没有采取任何行动。

田恒刚刚出宫，便听说简公知道自己带兵入宫逐杀子我龙颜大怒，害怕会有杀身之祸，于是想到外地逃亡。田子行劝说他："遇事总是犹豫不决，是成就事业最大的敌人。"于是田恒选择向子我发起攻击，子我也率领大批军队向田氏发起猛攻，子我最终失败，于是只能四处逃亡。田恒的手下后来抓住了子我，将子我和监止都杀死了。

简公见事情不妙，田恒要反，于是也开始四处逃亡。田恒的部下对简公穷追不舍，后来终于在徐州抓住了简公，并杀了他。简公只在位四年，国家不可一日无主，于是田恒推举简公的弟弟骜为君，称为平公，田恒担任相国。

在这两次争权斗争中，田氏都是胜利者。田恒拥护并立吕氏为君主，掌握了齐国的刑罚大权，并在这个时候不断削弱高、国等大族的实权，让吕氏公族孤立无援，齐国的大权都掌握在他的手里。田恒对残留势力鲍氏、晏氏等公族进行一一铲除，敌对势力消灭以后，又任命田氏兄弟为都邑大夫，并逐渐扩大自己的封地。

田恒杀掉齐简公之后，为了不让其他诸侯回来讨债，把之前所掠夺的土地都物归原主。他还与晋国的强权势力友好相处，并且和南越等国家一改从前的冷峻关系。他对内政进行治理，对有功之臣加以奖赏，对百姓施与恩惠，一时间，齐国国泰民安。

这个时候，田恒私人的领地范围已经很大，从安平到琅琊这一大片区域，和齐平公的相比要大得多。到了公元前476年，田恒掌握齐国的政治大权。

齐宣公在位时期，田恒的曾孙田和继任为齐国的相国。齐宣公死后，田和将齐宣公的儿子贷推上君主之位，是为齐康公，齐康公成了田和手中的皮影，完全受田和支配。齐康公在位时期，常年沉迷于酒色，对朝政不闻不问。于是田和把齐康公迁居到海边，只给了他一座城作为衣食之地，就当做是对他的祖先祭祀了。

齐康公十八年，田和与魏文侯见面，田和让他转告周天子，请求封侯。魏文侯派出使臣向周天子禀告，请诸侯封田和为侯，田和被立为齐侯，被列入王室宗族。公元前379年，齐康公死后，田氏并没有更改"齐"这个国号，所以历史上称为"田齐"。后来在长期的斗争中，姜姓的齐国最终被田氏所取代。

局势分析

在春秋末期，南方掠夺之风涌动，为争权夺地，各国争相讨伐，硝烟四起。而北方也不沉默，齐晋两国的关系日趋僵化，两国都发生了翻天覆地的巨变。齐国在春秋末期处于最辉煌的时刻，田氏兴起，夺取了齐国的政权，姜太公开创的江山被田氏占为己有。

天有不测风云，变局总是那么出其不意。但我们可以从中看出田氏伐齐背后的制度发挥的作用。尤其是当时的分封制，周王朝实施的分封制处在等级观念中，他的办法是：诸侯的土地由天子分封，大夫的土地由诸侯分封，卿由大夫分封，士再由卿分封。他的分封制度只由每一级的上级分封给下级的。所以天子就会被诸侯架空，大夫能够架空诸侯。

这是由生产力水平决定的，都城周围由上一级管理，剩下的地方分封给下级了，地方势力日趋扩大，中央集权自然会一步步走向衰败。

说点局外事

有一次晏子作为使者出使楚国，因为他身材矮小，楚国人想借此侮辱他，于是在城门旁边开了一个窄小的门，晏子到了楚国城门下，楚国人没有给他大开城门，而是让他从小门进去。晏子不慌不忙地说："出使狗国才让从狗洞进入，我是来出使楚国的，从这个门进城吗？"听罢，楚国人只好恭恭敬敬地请晏子从大门进入。

晏子见到楚王，向楚王参拜。楚王说："齐国只有你一个人吗？为什么出使只有你一个人？"晏子回答说："齐国的首都有七千多户，人与人之间都没有空隙，张开衣袖都可以遮蔽苍天，挥洒流淌的汗水就像下雨一样，怎么会没人呢？"楚王接着说："那如果是这样，怎么会只派你一个人来出使呢？"晏子答道："齐国派遣的使臣是按照不同的等级委派出使的对象，贤明的人就委派出使贤明的君主那里，无能的人就被委派到无能的君主那里。而我是使者中最没有能力的人，所以也只好被委派出使楚国了。"

楚王听了，内心很不是滋味儿，于是强忍愤怒请晏子喝酒，喝得正高兴之时，两名公差押着一个蓬头垢面的人来到楚王面前。楚王问："你们带来的人犯了什么罪啊？他是哪里人？"公差回答："他犯了偷窃罪，是齐国人。"说完楚王便看着晏子说道："齐国的人很善于偷东西嘛！"晏子起身走到楚王面前回答："我曾经听说过这样一件事：橘子树在淮河以南的地方生长那就叫橘子树，在淮河以北生长就叫枳树，只不过是叶子长得很相似罢了，成熟之后果实的味道却不相同。为什么会这样呢？因为水土条件的原因，两地的水土环境不相同。这个人在齐国并不偷东西，到了楚国就开始偷东西，难道不是楚国的风气造成的吗？"楚王被说得面红耳赤，不好意思地笑着说："真的是不能和圣人开玩笑的，我反而让自己难堪了。"

建立强国的魏文侯

在战国初期，当时晋国是由四卿掌握政治大权，魏氏和韩氏都属于薄弱势力的阵营。后来智氏被消灭，赵氏成了名副其实的领头羊。但让人遗憾的是，赵无恤的死让赵氏家族出现了严重的内部纷争，势力由盛转衰。魏氏在新主人魏斯的带领下国力强盛，魏斯凭借自己的超群能力领导三晋，迅速做到了霸主地位。

魏斯在公元前403年被周天子册封为侯，称为魏文侯。

魏斯求贤若渴，他四处招兵买马、广纳贤才，他曾拜孔子的弟子、大儒子夏为师，还和著名的儒者田子方、段干木是良师益友，他每次从段干木的住所经过都恭恭敬敬。魏斯在用人上重视能力，并不看重社会背景和出身，因此在他手下提拔了许多平民百姓和戎狄之人。他处处以礼待人，很快他便声名远扬了，天下贤良才华之人都投奔他。除此之外，魏斯还有许多得力助手，比如吴起、李悝和西门豹等。魏斯将英雄才士收入麾下，他觉得这是很大的一笔财富。

公元前420年，晋国的一件事巩固了魏斯在三晋中的霸主地位。

这一年，晋幽公去世，是被强盗所杀。魏斯借着这个机会表现了一把，他把杀害晋幽公的强盗抓住之后，立晋幽公的儿子姬止为国君，就是晋烈公。尽管晋国的君主并不具备君主的才能和威严，但魏斯的做法依然得到了赞许。

这个时候晋国三卿的元老赵无恤、魏驹和韩虎都相继去世，当初三卿联合作战打败了智瑶，彼此之间也结下了盟约。但是新君主却不讲盟友之情，韩国国君韩启章见到赵氏被权力斗争纠缠不休，于是心怀叵测，想趁机把赵氏消灭掉。但三卿之中唯有韩氏是实力最薄弱的国家，仅凭一己之力是肯定做不到的。于是他找到魏斯，想要和他一起谋划打败赵氏的坏主意。魏斯听了之后果断地拒绝了，他义正词严地说："魏国和赵国是好兄弟，恕我不能听从你的命令。"

赵氏的内乱争斗终于告一段落，赵浣重新登上国君的宝座，听说了韩氏想要乘人之危，他勃然大怒，于是找到魏斯说："在三卿之中，韩国实力最弱，我愿意和你联合起来，消灭它。"魏斯以同样的话回绝了他。

三卿之中，只有魏斯眼观大局，在他的劝说下才避免了这场争斗，事后韩、赵两家才醒悟，发现自己只是一时的头脑发热。

魏斯是天生的军事家，他能够感受到敌人的来临，这个咄咄逼人的敌人就是秦国。

公元前627年，这一年发生了崤山之战，在这场战争中，秦军遭受了晋军的重创，损失惨重。自此之后，秦国被挡在黄河以西，从未踏进中原。秦国在实力上不能和晋国相比，但在辽阔的西部，也算是实力雄厚，是西部的霸主。

后来到了公元前505年，吴国的军队攻破了楚国的国都，于是楚国向秦国求救，秦国派五百辆战车援救楚国，并且打败了兵强马壮的吴国，从这场战役中可以看出秦国的军队威猛如虎。

魏斯清楚秦国的实力，也是魏国不能小觑的国家，为此，他必须先除之而后快。公元前419年，魏国建了少梁城，在黄河以西的位置，是黄河的渡口，也是重要的交通枢纽，黄河渡口阻止了秦国潜藏的威胁。魏斯在黄河以西建造少梁城，就是为了便于防守，随时能够对秦国发动进攻。

魏斯的意图很明显，秦灵公如果不能在少梁城没建稳之前消灭它，就会后患无穷。于是在公元前 418 年，秦魏两国在少梁发生了战争。魏斯打败了秦军，但少梁城城邑受损严重，只能重新修建。少梁城作为战略要地自然是会引来大战的，为了争夺少梁城，两国多次浴血奋战。

强攻不行就改变策略，秦国人向魏国人学，在少梁以北建造了两座城，没承想魏斯派儿子魏击将秦国建筑的城邑围困住，并一举击破。魏斯觉得想要打败秦国，就要在黄河以西做好军事防备，于是在少梁城以南和西南分别建了临晋城和元里城。三座城邑相呼应，河西之地势在必得。

公元前 408 年，魏斯率军队渡过黄河，想要入侵秦国的领地。三座城池发挥了巨大的作用，秦军的势力被驱逐出境，后来魏斯在此基础上又建了两座城邑。秦军被魏军击退，一直退到洛水，于是只得在洛水修筑军事防御。

魏国与秦国的战争暂时结束，魏军地处优势，但河西之地险恶，对于攻击秦国的魏国来说却站在不利地位，魏斯深谋远虑，放弃攻秦，转而攻打中山国。

中山国是鲜虞的部落，也是中原的心头之患，在春秋末期被连续打击，实力消耗殆尽。战国后，又被晋国的赵无恤、智瑶等人兴兵讨伐，争夺土地，因此中山的势力也随之大力削减。魏斯想要攻打中山国，将其列入魏国的版图，但是问题出现了，如何将不接壤的国家列入版图呢？

魏国和中山之间还有赵国，魏斯只能经过赵国才能攻打中山国，但是赵国和魏国并未独立出来，都属于晋国，魏斯是三卿之首，想要向赵国借路，赵国不会不答应。

公元前 408 年，魏斯决定攻打中山，远征军从赵国借路杀入中山国，乐羊是率领远征军的将领。魏斯善于用人，且用人大胆。乐羊本是中山国人，中途逃到了魏国，魏斯因为欣赏他的才能，再加上乐羊比任何人都了解中山国的情况，于是魏斯任命他为大将军。

魏斯的决定被大家一致反对，乐羊曾经背叛自己的国家，如今让他去攻打他的故乡，更何况他的儿子还在中山国，万一他率军攻过去，中山国会拿他的儿子做要挟，任用他确实太冒险了。但魏斯仍决定由乐羊攻打中山。

这一战就是三年。到了公元前 406 年，魏军将中山国死死包围，中山国已经成了瓮中之鳖，没有退路了。当初魏斯任用乐羊时受到反对的问题出来了，中山国拿乐羊的儿子做要挟，这也是他们的最后一块王牌。中山人把乐羊的儿子做人质，并要挟说，如果乐羊不退兵，便把他的儿子煮了，乐羊却不以为然，中山国人便真的把乐羊的儿子放到锅里煮了，还派使者为乐羊送去了他儿子的项上人头和一碗人肉羹。让魏斯惊讶不已的是，乐羊居然端起人肉羹吃了一口，要换做常人早就痛哭流涕了，可乐羊却一副无动于衷的神情。看到这一幕，中山国的使者也大惊失色，于是立即回去禀报："乐羊是冷血的人，他能够忍受常人不能忍受的。"

中山国不得不投降于魏，乐羊为这次战争立下了汗马功劳，魏斯感叹乐羊能够为国家的利益牺牲自己的利益，甚至还吃了自己儿子的肉，但是堵师赞的一句话点醒了他："他敢吃自己儿子的肉，还有谁的肉他不敢吃？"魏斯的心里打了个寒战，对此事也有了更深入的想法。

后来乐羊一回国，就一直夸赞自己这次中山国一战功不可没，但魏斯对他开始提防，为了打击他的骄躁之气，将那些攻击乐羊的诽谤信一一拿给他看，乐羊看了之后心生懊悔。但是自此之后，乐羊也渐渐失去了魏斯的宠信，而魏斯在打败中山国以后，名扬天下。

魏斯想要夺取中山国，意图建立一个能够随时进攻齐国的军事站点，与河西之战的意图是一样的。很明显，魏斯想要齐国成为下一个盘中餐。这个时候的齐国已经被田氏篡夺，齐国公室早已失去往日的威风。但是齐国在田恒的治理下，国家的军事实力也在逐渐增强，三家分晋之后，晋国已被分裂，齐国更是因此变得信心满满，齐国军力上的进步不容小觑。

公元前408年，魏国终于占领了河西之地，接着打败了中山国，齐国就在下一个行列里。但战争还未打响，齐国内部就混乱了。公元前405年，齐国的大臣田布杀害了大夫田孙，这就使得政治上更加动荡不安。之后，大夫田会逃到了廪丘，投降并献城给赵氏。田布立刻出兵，把廪丘包围，一场大战即将爆发。

本来这只是齐国自己内部出了乱子，但田会投降，赵氏就不能坐视不管。于是赵籍组织了一支精锐队伍，但齐国的实力也不容小觑，赵籍并没有必胜的把握，于是他请魏斯联合作战。对魏斯来说，齐国早就成了眼中钉、肉中刺，于是魏斯借此机会打击齐国，这不仅能实现自己密谋的计划，还能借此巩固魏赵两国的友好关系。为此，魏斯还与韩国商讨一起攻打齐国，于是三国联合在一起，这也是消灭智瑶以后三国的第二次联合作战。

齐国就算再强大，也抵不过三晋的大军，廪丘战役让齐国输得很惨，通过这场战役也不难看出大将魏斯的卓越才能。他能够联合韩、赵两国协同作战，将齐国这个强大的虎狼之师打得狼狈不堪。但想要彻底打败齐国就要乘胜追击，必须在短时间内采取第二次进攻。

在战国时期，周天子并没有什么实权，因此魏斯挟天子令诸侯，于是魏斯扛着周威烈王的大旗准备第二轮的兴兵讨伐。魏、赵、韩三家又联合到一起，准备进攻齐国。齐国的军事实力无法与三晋匹敌，西部的长城也成了摆设，被三晋的大军轻易攻破。自廪丘之战以后，齐国人再一次战败，这也证明了魏斯的远见卓识，他举着"王命"之旗去兴兵讨伐齐国，还使三晋之间的关系更加友好。后来在三晋的压力下，周威烈王封三家为诸侯，这使韩、赵、魏三国从晋国中脱离出来，成了独立的国家。

局势分析

晋国发生的变局影响着各诸侯国的政治格局。三家虽然都被封为诸侯，虽是欢喜之事，但背后又不容乐观。从地理形势上看，赵国处于北面这个有利地位，没有强大的国家与之对抗。魏国处于最不利的地理位置，北有赵国，南有韩国，东有强大的齐国，西有如狼似虎的秦国，东南又与楚国相接，他需要为国家的生存而不断奋斗。

韩、赵、魏三家能够独立出来也不是一蹴而就的，需要经历漫长的发展过程，从智瑶上台开始到晋阳之战，智氏被三晋消灭，晋国成了韩、赵、魏手中的棋子，后来晋国被瓜分，直到三晋获得了诸侯之名，标志着三家从晋国脱离，宣告独立。

魏斯是魏国的建立者，魏国的鼎盛离不开魏斯的功劳，他智勇双全，胆识过人，还能放下一己之私，以国家大局为重。在他的率领下，魏国的势力不断向外扩张，魏国的军事实力迅速增强，在这个时期，魏国的实力成为三晋之首，在他的带领下，实现了三晋合一的局面。

说点局外事

西门豹是战国时期魏国人，是魏斯的得力手下。他在政治和水利方面造诣很深，为魏国的兴盛立下了汗马功劳。

他刚刚到邺城的时候，发现这个地方人迹罕至，田地一片荒芜，到处都是萧条的景象，于是他想要改变这里。后来借着河伯娶妻的机会，他对地方的恶霸进行了一系列的惩罚，还惩治了这里的巫术之风，颁布了法令。

除了对当地的百姓进行了教导，他还对这里的水源进行勘测，带着百姓们一起挖水渠，十二水渠的建成使农田每年都有了好收成。在农业生产上，他推行了"寓兵于农、藏粮于民"的政策。没过多久，邺城百废俱兴，百姓安居乐业，邺城也逐渐成了魏国在东北的重要城镇。

儒学的推广者"亚圣公"孟子

孟子，名为轲，是我国著名的思想家、教育家，也是战国时期著名的儒家代表人物之一。他是继孔子之后，又一位儒学大师，被后人称为"亚圣"。

孟子曾经拜子思为老师，等到他学成之后，他便以士的身份到各国去游说，希望他们能够采纳自己的思想主张，他曾经到过春秋时期的几个大国：齐国、宋国、滕国、鲁国等去游说。在那个时候，这几个国家都主张只有富国强兵，才能利用一切可利用的手段实现自己的雄伟霸业，所以说，在这些人眼中，孟子所提倡的仁政学说无疑是毫无见识的，被看作是迂腐而又空泛的事情，并没有国君赞同他的主张。游说不成，无奈之下，孟子只好放弃，在一个偏僻宁静的地方授业，和自己的学生一起谈论史书，并且还作了《孟子》七篇。

孟子主张"性善论"，也就是说，人从一出生开始，就有着向善的意识，这是人最基本的存在。在孟子看来，人性的善良是可以通过一个人的心理活动看出来的。对于心理这一说，他认为总共有两个层面，其中一个是"四端"之心，而另一个则是"思"之心。孟子也正是从这两个层面，有了人性本善的思想。

在我国几千年的历史文化长河中，孟子的"性善论"始终贯彻其中，就连我们熟悉的《三字经》都是以"人之初，性本善"开始的。孟子的性善论在人们的心中深深扎了根。

为了进一步说明人性本善的道理，孟子进一步验证了自己的观点。在他看来："人的内心深处都有不忍存在""如果没有恻隐之心，没有羞恶之心，没有辞让之心，没有是非之心等等，这都不是人类应该做的事情。"

孟子主张人们要向圣人学习，这样的提倡对于社会风气的改良有着一定的作用，其中最值得肯定的是人生而平等的思想。在孟子看来，每一个人只要通过自己的努力都能够成为圣人，而从本质意义上讲，便是通过这个观点来激励人们在后天的学习和成长中，要不断地努力和奋斗，同时还指出了上到一国之君，中到朝中大臣，下至黎民百姓，在人格上毫无高低之分。

在当时那个封建社会，等级分明的时代中，孟子的这个想法就像是一个闷雷轰动了当时的社会，虽然有着很大的进步意义，但是在当时的人看来真的是"胆大包天"。另外，孟子还希望人们能够将自身所带有的善不断地发扬光大，让它能够成为人们最完美的道德。而在后天之后，如果不注意善的培养，那么善就像是将要枯萎的山木，已经没有了立足之地，并且在这个过程中，还会滋生出恶来。

《孟子》一书只不过三万五千多字，但是它里面所代表的思想内容却是博大精深的，全书短小精湛，语言通俗易懂，在叙事方面也是言简意赅，用比较生动的手法将孟子的主张描述出来。也正是因为这样，《孟子》一书成了儒家学派中的经典之作。

我们都知道，说服别人去做某一件事情的时候，如果开篇直奔主题则是很难让人接受，但是如果采取循序渐进的方法，就很容易让别人去听你的观点甚至赞同你的观点，就像是攀登塔顶，不能一步登天，要一步一步地慢慢来。

有一回，孟子去拜见了齐宣王，他问了齐宣王一个问题："如果您的朝中有这样一个臣子，在他有事外出的时候，将自己的妻子儿女托付给他的朋友帮忙照看。可是等他出游回来的时候，却发现他的朋友并没有按照他所吩咐的那样去做，反而让他的家人在挨饿受冻。如果换作是你，你将会怎么做呢？"

齐宣王答道："这样的朋友，不要也罢。"

孟子继续说道："如果一个官员并不能好好地管理他的属下，对于这种情况，您又要怎么处理呢？"

齐宣王说："那我就免去他的职务。"

孟子接着又问："那么，如果一国之君竟然治理不好自己的国家，这又该如何是好呢？"

齐宣王这个时候已经知道孟子要表达的意思了，顿时面红耳赤，有些不敢直视孟子，于是便很快地转移了这个话题。

其实，孟子说这段话的主要意图就是劝谏自己的君王，但是他并没有一见到齐宣王便直接挑明话题，而是从小小的交友之道开始讲起，慢慢地获得齐宣王的认同，有了第一节台阶；第二便是上升到了朝中官员的身上，引领着齐宣王踏入了第二级台阶；直到最后，孟子才将自己此次的目的表现出来，让齐宣王无法否定他的观点。从这里我们也可以看出，孟子并没有很直白地表露出自己的观点，但是最后还是起到了规谏君主的目的。

生命是每一个人都拥有的，也能够真真切切感受到的，一个人的喜怒哀乐，一个人的唱歌跳舞、跑步走路，无不彰显着生命的活力。但是，"仁义"二字却是一种比较抽象的概念，它没有形象可以看到，没有声音可以听到，也没有味道可以闻到，很少有人能够将它把握得很好。正是因为这个原因，为了更好地将"仁义"二字表现在人们面前，孟子才采用了这种借彼喻此的方法。

我们所说的借彼喻此，就是用一些比较简单易懂的方法把那些难以理解的东西很清晰明了地呈现在人们眼前，利用这种方法不仅解除了人们心中的疑惑，而且可以让人们从不知到知，从对这件事物的表面认识到本质认识。我们都知道鱼是一种美味的食物，几乎所有的人都能够吃到它；而熊掌则是佳肴，相比鱼来说，要贵重得多，并且很难得到。而孟子便是将鱼比喻成"生命"，用熊掌比喻"仁义"，很是详细地将"生命"和"仁义"的价值分开，通过这样的比喻，人们对于"舍生取义"这个观点也就很容易接受了。

儒家学派主张的是"非礼勿视，非礼勿听，非礼勿言，非礼勿动"，它所讲的就是在我们日常生活中，人们的一言一行、一举一动都要围绕着"礼"

字进行，并且不能偏离了这个轨道。但是有一点需要说明的是，这种观点，并不是让你将礼节看得超过一切，而是在关键的时候要学会灵活变通。比如，古时候，"男女授受不亲"是一项比较严明的礼节制度，但是如果当自己周围有女性落水的时候，当然不能够一味地遵守着这项训示，而眼睁睁地看着她溺水而亡，这个时候，要做的便是将这些繁文缛节抛在一边，毕竟生命才是最为重要的。如果是因为要遵守礼节而看着一个人在自己的眼前慢慢地死去，这就违背了孟子所提出的本意。

有一次，有一个任国人问了孟子的学生屋庐子一个问题："如果是所有人都按照礼节去寻找食物，那么他们就会饿死；如果不依照礼节去进行的话，便能够很轻松地找到食物，这样的话，礼节还有遵守的必要吗？如果依照规规矩矩的迎亲礼来迎娶新娘，那么会娶不到妻子；如果不按照迎亲礼的话，就会得到妻子，那么在这里还有履行礼节的必要吗？"屋庐子听了他的话，非常的迷茫，不知道应该怎样回答，于是屋庐子又带着这个问题去请教自己的老师孟子。

孟子给他说了答复任国人的办法："如果说在争抢食物的时候，需要扭转自己兄长的胳膊，需要争抢他的食物，只有这样才能够得到吃的；如果不照做的话，就得不到吃的，那么你会怎样做呢？如果说只有你去自己邻居家搂抱别人的女儿，才能够得到妻室；如果不去的话，便不能得到妻室，这样的话，你是搂抱还是不搂抱呢？"

在这个地方，孟子也是从侧面说出了自己的观点，也就是，无论人做什么事情，都不能违背了礼字的内容，要学会以礼待人处事。

局势分析

孟子提出的观点和思想对当时社会的发展有很大的影响力，同时也为后世提供了宝贵的借鉴经验。

孟子在经济方面提出的"重农不抑商"理论，很大程度上改变了当时"重农抑商"的传统思想，极大推动了当时经济的发展。另外，孟子提出的"井田制"构想，成为后世制定限制土地兼并行为制度的蓝本，对缓和各阶级不断激发的矛盾有深远的影响，并具有相当重要的指导意义。

在政治方面提出的"仁政"思想虽然在当时没有得到很好地实施，但为后世的统治者提供了最基本的治国方略，从这一点上来讲，"仁政"具有很强的先进性。另外，他所提出的"民贵君轻"观点也鲜明地反映出他一直以来坚持的"民本"思想，在整个中国历史上都占有不可撼动的地位。

除此之外，孟子提出的利义观为后来的民族价值观的形成起到了不可磨灭的促进作用，将儒家的思想推到了一个前所未有的顶峰。

他的著作《孟子》，也凭借犀利的观点、睿智的思想和明快干练的文笔在中国文学史上取得了较高的成就，对中国文学发展产生的影响也是较为深远的。

说点局外事

有一天，孟子的妻子在屋子的地上蹲着，孟子进来就看见了，于是就告诉母亲说："这个妇人不懂得礼仪，请让我把她休了吧。"孟母问："原因是什么？"孟子回答说："因为我看见她在地上蹲着。"孟母问："你是怎么知道的？"孟子回答说："是我亲眼看见的。"孟母说："这分明是你不懂礼仪，不是妇人不懂礼仪。《礼经》上说，在进门之前一定要先问屋里有谁；进厅堂时要先大声传达，要让里面的人知道有人要进来；在进屋的时候，眼睛要向下看。《礼经》之所以这样说，是为了不让人毫无防备，措手不及而弄得狼狈不堪。如今你去你妻子休息的地方，进来之前没有示意你要进来，她当然不知道了，所以你进门才看到她蹲在地上的样子。这是你不懂礼仪，不是你妻子不懂礼仪。"在孟母的悉心教导下，孟子意识到自己错了，于是再也没有提过休妻的事了。

第二章　列国纷争的血雨腥风

　　诸侯国之间的兼并战争从未平息，诸侯国也在战争中递减，国与国之间的战争并没有缓冲的空间，为了获取更多的利益，国家之间都开始针锋相对，用最直接、最残暴的手段谋取更多的利益。竞争格局时刻发生转变，国与国之间的战争规模也在不断扩大。在残酷的厮杀下，诸侯国损兵折将，割地求和，政治局势愈发紧张。

聂政刺侠累

　　自从晋国独立以来，韩国就是最弱小的国家。公元前400年，韩景侯去世，他的儿子韩烈侯即位，但是由于韩烈侯当时年幼，无法控制复杂的政治局面，因此相国韩傀和严遂这两大权臣斗争激烈。韩傀，字侠累，是朝中重臣，严遂有赵烈侯当靠山，他与韩傀相互攻击，起初只是嘴皮子功夫，后来竟暗地里拔刀相见。

　　两人时常相互攻击，因此怒火终于还是点燃了两人的积怨。一次，严遂在朝上攻击韩傀，韩傀很生气，于是在群臣面前说一些恶语中伤他。后来两人的情绪越来越激动，激烈紧张的情况下，严遂怒火中烧，他立刻拔剑冲向韩傀，旁边的人赶紧拦住他，才避免了这次差点转成武力争斗的局面。但韩傀是朝中的相国，他决不能就这么算了，确实，他在心里早已暗下决心，要找严遂实施报复。

　　两个人的积怨越积越深，同在朝中这么多年，严遂很了解韩傀，一旦触碰底线，他什么事都能做出来。为了自己的以后打算，严遂便落荒而逃，但他心有不甘，不能让韩傀就这么得逞，打算花钱找人帮他报这个仇，于是他四处打探。听闻聂政是个勇士，严遂便找到了他。

聂政是战国时韩国轵人，人称仁义的侠客，他是春秋战国时期的四大刺客之一。他当时因为杀了人，逃到市井之中，以屠狗为生。

严遂见到聂政，并没有直接告诉他所为何事，而是时常去他那里买肉、聊天，聂政为躲避仇家，自然十分警惕，觉得这个人常常来，还邀请他喝酒，总是以礼相待，觉得这个人一定是有目的的。

一次，赶上聂母的生日，严遂来到聂政家里，准备了些吃的，聂政觉得严遂一定是有事相求，于是问道："您是不是有什么事想让我去做？"严遂还在卖关子，说："我与你认识也没几天，怎么敢有求于你呢？"说完向聂母敬酒，还掏出百两黄金，聂政拒绝了严遂的钱财，后来严遂终于告诉了聂政实话，说："我想要报仇，听说您很讲义气，所以我想交您这个朋友，实在不敢有什么要求。"

聂政当然听出来严遂的意思，就是想让他帮忙报仇，但由于还有年迈的母亲需要供养，他不想为别人卖命。严遂没办法，只能离去。聂政没有收下黄金，但是因为严遂一个韩国卿大夫却屈尊和一个市井屠夫交朋友，他心里早已把严遂当作知己，然而在当时的社会背景下，"士为知己者死"就像是宿命一样无法改变。虽然严遂走了，但聂政心里对严遂的厚意已经很感激，希望有朝一日能够报答他。

后来聂母去世，聂政为母亲办完葬礼，便想着去找严遂，帮他报仇。他一路打听得知严遂的住处，对于聂政的到来，严遂感到十分意外。聂政告诉严遂说："我以前不能答应您是因为我有一个年迈的老母亲，如今她已经去世，我也无牵无挂了。你可以说您的仇家到底是谁吗？"严遂告诉他说："我的仇人就是韩国国相韩傀，他有很大的权力，借着他是君主的叔父就猖狂自大。我之前就派人去刺杀他，但失败了，他身边的护卫很多，所以想要刺杀他并非那么容易。如果您觉得可以，我多给您准备些车马，您可以选几名勇士给您当助手吧！"聂政回答说："韩、卫两国距离并不远，仇人是君王的叔父，位高权重的相国，所以说更不能带更多的人，如果刺杀没有成功，或者

消息泄露出去，不仅杀不了韩傀，还会让整个韩国都来找您报仇，到那个时候不是更危险吗？"

聂政独自一人去了韩国，借着韩烈侯要和各诸侯设会盟这个机会搜寻一切消息。他知道地点就在东孟，而且韩傀也会到场。这个会盟是在郊外进行的，而且还有一些祭祀的活动。到了这一天，韩烈侯和韩傀坐在搭起来的高台上，台下四周都是手持武器的护卫兵。聂政混在围观的人群，没人看得出来。他的怀里还藏着一把剑，专门为了等待最佳时机，杀死韩傀。

一旦会盟开始，护卫兵就会一动不动地站着，只要君主不发令，就必须纹丝不动，这个时候就是最佳刺杀的时机了。聂政早就做好了必死的准备，只要他拿着剑冲上去，就肯定不能活下来，他孤身一人，而敌人拥有成千上万的兵马。但是对他来说，这一切都是值得的，他是义士，就必然有他应有的宿命。

当会盟开始的时候，场上一片肃静，突然只听一声吼，吼声惊天动地。聂政边吼边冲上高台，风一般地穿过护卫兵，快接近韩傀的时候，他迅速掏出怀中的利剑，向韩傀刺去。韩傀万万没有想到自己还有今天这一幕，出于求生的本能，他想要找一个人当挡箭牌，可是旁边没有别人，只有韩烈侯，情急之下他一把抱住了韩烈侯，韩傀仓皇逃脱。但聂政的利剑迅疾如风，一把从韩傀的后背刺穿，惯性力量使利剑向前继续穿行，还刺到了韩烈侯的身上，这一剑要了韩傀的命，当场身亡，韩烈侯也因此被刺伤。

台下的士兵吓出了一身冷汗，过了一会儿才缓过神来，拿起武器把聂政围了起来，聂政不愧为勇士，他身手敏捷，他手中挥舞着宝剑，一边厮杀，一边呐喊，很快十几名护卫兵倒在他面前，没有人敢向前迈进，谁也不想死在他的剑下。

紧接着聂政像发疯似的大笑，让人胆战心惊，后来的一幕更是让人难以置信，只见他拿起剑划向自己的脸，很快他的脸变得血肉模糊，他的笑声越发冰冷，他狰狞着。接下来让人不敢目睹这一切，他要把自己的脸彻底毁掉，聂政伸出了两根手指，伸进自己的双眼，眼球就这么被他硬生生挖出来了。他依然痛苦地笑着，只是越发变得凄凉，但他始终坚持着，因为他还没有结束，随后他把剑刺进了自己的胸膛，聂政死了。

聂政刺杀韩傀成功后完全可以直接自杀，但是他为了不让亲人因为这件事受牵连，于是他选择了毁容。让自己的面容血肉模糊，就是不想让任何人认出他。后来韩烈侯下令追查此事，把聂政的尸体扔到野外，为了查明他的身份，下令悬赏，希望有人能够提供他的准确姓名及其他信息。

转眼过去好多天了，没有人知道他的身份。后来聂政的姐姐聂嫈得知这个消息，顿时想起当年严遂来拜访聂政时的情景，当时她还没有出嫁，一家人住在一起，严遂和弟弟的事情她是清楚的。想着想着，聂嫈很伤心，确定这个人就是自己的弟弟聂政。

她知道弟弟毁容的用意，但如今弟弟的尸体被抛野外，如果去给弟弟收尸，韩国必定会拿她顶罪；如果不去，那么就永远都不会有人知道聂政所做的英勇之事。于是她毅然决然去了韩国，看到聂政的尸体被抛在市场上，尸体已经开始腐烂，散发着臭味，聂嫈一眼就认出是自己的弟弟聂政。

于是她跑到跟前痛苦不已，围观的人劝她赶快离开，不然会受到迫害，但聂嫈不肯，她抱着聂政的尸体，哭着说："我的弟弟聂政是一名有志之士，为了躲避仇家才到市井生活，只不过有一个母亲还在，有个姐姐还没有嫁人。但后来母亲去世了，姐姐出嫁了，为了报答严遂的恩德，不惜搭上性命，士为知己者死，这就是大义，他不想连累我，就毁容掩盖自己的身份，可是我即便因为受牵连而死去，也决不能让弟弟今后做一个无名的烈士。"她仰天长叹"苍天哪——"她悲痛欲绝，也没想着能够活下来，于是从怀里掏出短剑，刺进了胸膛，顿时鲜血直流，就在这里，聂嫈抱着聂政也死去了。

聂政刺杀韩国相国韩傀的事情让各诸侯大为震惊，聂嫈为了弟弟也选择了牺牲。姐弟俩的事迹很快在楚国、魏国、齐国和三晋等国传开，听过的人们都为此叹息，聂政是一名勇士，他的姐姐也是性情刚烈之人。

局势分析

也许对于现在的我们来说，聂政为一个陌生人去死并不值得，他与严遂并不熟悉，严遂送给他百两黄金，他并没有接受，为这样一个人送上性命值得吗？我们不能抛开当时的社会背景来看这件事，那是一个血性的时代，任何一个国家的人都不能与战国时期的勇士相比,这种精神就连迷信武士道的日本人也达不到。

当时的勇士,生死为义,死并不是一件大事,有人一定会觉得聂政为了严遂的个人恩怨帮他报仇,这难道也算是义吗?但这并不重要,重要的是在聂政心里,这就是"义",只要是"义",就不容推辞。也是因为他想要为自己的人生赋予这样的意义。

这一点他和豫让很相似,都抱着"士为知己者死"的信念,为别人报私仇而牺牲自己,但两人也有不同之处,智瑶对豫让的"知遇"之恩是事实,国士欣赏豫让;而严遂并未把聂政看作知己,他有意找到聂政,只是想要利用他。后来聂政为严遂报了仇,尸体被抛到野外,严遂却不闻不问。

聂政算是一个比较幸运的人,即便他为了严遂的私人恩怨而被利用成为报仇的工具,但他"性情之厚"让他成了一个超越于普通刺客之上的英雄豪杰,是历史上著名的四大刺客之一。人们对他顶礼膜拜,他的英勇事迹被写进了戏剧、诗歌,还被拍成了电影,中国著名的《广陵散》就出自《聂政刺韩曲》,他的事迹被人们广为传颂。

说点局外事

为了纪念聂政,人们在河南禹州市西关地区建造了一个聂政台。由于聂政本是一名武功高强的勇士,聂政的死又凄惨吓人,百姓们在聂政台建了一座神庙,是道教北方真武玄天上帝的神位,人们想用道教来抚平聂政浓重的杀气。

因此聂政台还有一个名字叫作祖师台。聂政台不仅是悼念死去侠客的地方,同时也是弘扬道教思想文化的地方。这里有一个著名的"望嵩洞"景观,在聂政台的最高点,在洞里观赏聂政台,能够让人感受到登高远眺的壮丽之景,也能够让人油然而生一种侠客的豪情壮志的感受。

李白的《秦女休行》一诗中,其中有对聂政的姐姐聂嫈赞美的诗句:"何惭聂政姊,万古共惊嗟"。史料中也有记载,聂嫈的坟墓就在离聂政台很近的位置,但让人遗憾的是,随着时光的流逝,万物的更替,加上人文建设的改造，聂嫈的坟墓已经无法找到了。

道家学派的代表——庄子

庄子，名周，字子休，是战国中期的宋国蒙人，他是道家学派的代表人物，也是著名的哲学家、思想家和文学家。他的著作有很多，代表作有《庄子》，还有名篇《齐物论》《逍遥游》等。其中《庄子》这本书在历史上有着深远的影响，同时也是中国的文学和哲学逐渐发展到一定程度的标志，在古代历史典籍中是极其重要的典范。

庄子小时候家境贫困，有一次，他家没有米可以做饭了，于是就去和监河侯借粮食，去了之后监河侯说："我把租税都收上来的时候就借给你，你看怎么样？"

庄子听后心里很生气，知道他在借故推辞，其实并不想借，于是对监河侯说："昨天在回家的路上，我听到有人喊我的名字，于是我寻找声音的源头，发现喊我的是路边水洼中的小鱼，我很惊讶小鱼怎么会在水洼中，于是我问：'小鱼，你怎么在这儿啊？'小鱼说：'我的家在东海，你能给我一点水吗？'我说：'当然可以，你不要着急，我先赶往南方，请求吴越的国王将西江的水引到这里来，你觉得这样可以吗？'小鱼听了之后很生气，脸色一下子就沉了下来说：'我只需要你给我一点水，我就能够活下来，可是你却大费周折，如果真像你说的，我还不如直接跑到鱼干市场呢！'"

庄子用这个故事对监河侯进行了讽刺，但当时庄子家境的确很困难，生活异常艰辛。

另外还有一个关于他的故事：

有一次，庄子去参拜魏王，他身上穿着破烂的衣服和鞋子，魏王见了他觉得很奇怪，对他说："你现在怎么这般穷困潦倒？"庄子说："我这身衣服是穷困，但是这并不是潦倒，贫困和潦倒并不是一个意思，我只能说是生不逢时。"孟子说自己是运气不好跌落在满地荆棘的丛林里的猴子，由于没有在有利的局势下生存，才没能使自己的能力充分发挥出来，就是说皇帝昏庸，朝中的大臣结党营私，互相争斗，但是他却没有办法，从这儿就能够看出，庄子同样觉得自己生不逢时，对于他无法改变的时代问题他很遗憾，也对君王的无能和政治腐败感到失望。

还有一次，宋国有一个人叫曹商，作为宋国的使臣出使秦国。正当他要出发时，宋国为了给他代步送了他几辆车马，到了秦国以后，为了讨好秦王，他想尽了办法讨秦王开心，最终秦王笑得合不拢嘴，临走前赏给曹商100辆车。

后来曹商回宋国的路上遇到庄子，他看到庄子衣衫褴褛，想要在庄子面前炫耀，于是对庄子说："如果我像你那样，每天在狭窄的巷子生活，饥寒交迫，面无血色，整天只能靠编织的草鞋来养活自己，如果是我，这样贫困的生活我一天也过不了。但我曹商有本事，不用干那些编织草鞋的粗活，如今宋王派我出使秦国，我只要动动我这张能言善辩的嘴，秦王就赏给我百辆车，这才和我曹商的身份相吻合啊！"

曹商自吹自擂得很起劲儿，庄子并没有当回事，他只是在认真编织草鞋，不屑一顾地说："我只是听说，秦王得了病，生了痔疮，曾经招揽全天下医术高明的医师，倘若能够把他的痔疮挑破排出毒素，秦王就赏一辆车，如果说能够竭尽全力为他舔痔，就能够得到五辆车。也就是说治疗的部位越是肮脏低下，获得的车辆就越多。你获得了这么多的赏赐，一定是为秦王舔痔疮的其中一个，还是竭尽所能的，秦王一定很开心，否则他不会赏赐你这么多车辆，你真肮脏，我真的不想和你说话，你快点走吧！"

从这个故事中可以看出，庄子不看重功名利禄，也不为名利驾驭，他只是很希望能够获得自由。他在权势面前无所畏惧，朝中的许多贪婪争夺功名利禄的大臣都曾被他从上到下骂了个遍，很是痛快。

在战争纷乱的春秋战国时期，文化正处于鼎盛的阶段，百花齐放，百家争鸣。庄子是道家的代表人物之一，在文坛上成为令人瞩目的璀璨之星，万古流传。从他的著作中可以看出，他的思想绽放光芒。无论对人生、对社会，还是对宇宙，他都有自己独到的见解，这对人们来说是异常宝贵的财富，同时也具有深远的影响。

庄子的哲学思想主要倾向于生命哲学，他渴望在这个社会的人们能够追求自由，包括思想的自由，人身的自由和个性的自由这样一个充满学术的时代。然而庄子虽然生活在战国时期，但是他的思想还是很超前的，他讨厌追名逐利，也不愿过荒诞糜烂的生活，他想要达到的是精神上的自由，庄子肯定大自然的美，否定人为事物的美。就如同他说过的："牛马都长有四条腿，这是上天赐予的，这些是美好的，而马头上的头拷和牛鼻子上的鼻环都是人们给加上去的，这就是不美好的。"

他所说的意思是，无论是什么事情，它原本什么样子就要按照它原本的样子生存，不要在其中强加一些人为因素，否则就打破了它的自然规律。在庄子这里，大自然的所有一切皆是美好的，更不能借助自然的名义换取功名利禄，庄子站在自然的角度，他认为自然的才是自由的，如果想要获得高尚的人格就要与大自然融合到一起。

除此之外，庄子认为人们在生存中感觉到不自由是因为在现实社会中，他们被贫富、贵贱和生死所牵绊，他们的精神受到限制，因为内心对所牵绊的事情抱有期待，所以这个心灵的枷锁永远束缚着人们追求的东西，这被庄子称为"有待"。

世间的万物无奇不有，从翱翔天空之上的苍鹰和鲲鹏，能够活上千年的冥灵和木椿，到飞起来不超过几里的学鸠，还有短命的蟪蛄。在这个社会中，如果说大道德，指的就是那个厌恶名利的宋荣子，小道德就像"知效一官，行比一乡，德合一君，而征一国"的人，但所有人都有其自身存在的原因，他们依附于外界的条件，也只有这样才能让自己成为有价值的人，因此所说的这些都不能算作是自然所有的。然而真正能够获得自由的又是无所期待的人。

所以只有蔑视名利的人，看不起功绩的人，能够与上天合为一体的人以及达到忘我境界的人才算是真正得到了自由。他们有着热情奔放的思想，在精神上能够获得自由，因此一个人如果想要做一个真正自由的人，就要从对事物的有所期待到无所期待的境界。

庄子的那个年代，是我国历史朝代中不可或缺的一个阶段，不仅在社会上是变革的开端，并且也是一个硝烟弥漫、百姓受苦受难的动荡时代。然而对庄子来说，他没有办法改变这个社会，只能不断追求自己一直渴望得到的自由，不与他人同流，在名利面前能够不为所动，他始终秉承着天人合一的

思想，最后他做到了。

局势分析

一定有很多人觉得庄子的哲学绝大一部分都在美学的范围内，但如果你认真了解庄子的哲学思想之后，就能够看到其中的美学思想。庄子的哲学思想展示出的并非我们口中所说的自然美和艺术美，而是将人与自然结合到一起的合二为一的享受，这种享受处于精神层面，在一定程度上，庄子始终都在强调自由的重要性，同时也是在展现人内心的精神世界。抛开名利和财富，身上一切的一切都展现在大自然的面前，纯洁而美好，庄子一直主张的、一直在表达的就是人们这种本真的内心世界。

道是生命之源，因此生命能够保持它本来的纯粹和自由才是道推崇的思想和境界，这和儒家的"仁义"思想有着异曲同工之处。通过庄子的思想，我们可以看出，庄子和孔子的思想并非完全相反，儒家的哲学思想所要表达的是人要有爱人之心，有同情心，然而庄子所提倡的是人要有无心之心，从心灵上要追求自由，但这两家学派从本质上都是由"真"而起。

除此之外，还有一些人认为庄子的思想从本质上讲作用并不大，但是在人们的心灵上和对待自然的和谐角度来看，庄子的思想还是具备一定的价值的。庄子的哲学始终都在讨论"人们应该如何生活？""怎样能够改善生活？"他的哲学思想从始至终都围绕这些问题展开，庄子的哲学给人们留下了一个有一定意义和社会价值的回答。

庄子的思想在中国历史上产生了很大的影响，很多在政治上受挫的士大夫常常在落魄的时候从庄子的哲学著作中得到一些安慰，把自己放逐山水。这是因为庄子的哲学思想是生命的哲学，从当时的社会背景来看，他的哲学能够安抚战乱给人们带来的恐惧，使人们的内心得到宁静，这也是庄子留给后人不可磨灭的财富。

说点局外事

有一次庄子和惠子来到濠水，他们站在桥上，庄子说："你看水里的鲦鱼总是游来游去，看得出它一定很快乐。"惠子说："你不是鱼，怎么会知道鱼的欢乐？"庄子说："你不是我，怎么会知道我不知道鱼的欢乐呢？"惠子说："正因为我不是你，当然也就不知道你的想法，而你本来也不是鱼，所以你也不会知道鱼的欢乐，这是肯定的。"庄子说："请我们都回到最初的话题，回到一开始你问我'你怎么知道鱼的欢乐'的这个问题，既然你知道我知道鱼是欢乐的，你还是问我，我只能说，当我站在濠水的桥上知道的。"

第三章 秦齐称霸

秦齐两国相互称王，东方诸侯国纷纷展开"合纵"战略决策，准备讨伐齐国，韩、赵、魏、燕、楚五国合纵抗秦，秦、齐两国成为诸侯国合纵的讨伐对象。秦国野心勃勃，想要称霸天下。豪杰俊士拍案而起，"合纵"斗争轮番展开，睿智的谋士、能言善辩的说客、英勇威猛的将领以及贤明的君主纷纷为结盟合纵抗秦而努力，秦齐也面临着巨大的威胁。

燕国强盛一时的君王——燕昭王

公元前314年，燕国内部发生内乱，政局动荡不安，内部纷争不断，齐宣王借此机会派兵攻占燕国，继而攻克了燕国的都城，将燕国的国库掠夺殆尽才肯罢手，收兵回国。

在齐国的大军撤退之后，燕国便拥立了一位新国君，这个人就是燕昭王。燕昭王即位之初，励精图治，很有作为，当他看到自己的国家贫穷、衰弱，百姓不能够安居乐业的时候，心里很是难过。所以燕昭王发誓一定要让燕国强大起来，一定要让燕国的百姓过上幸福安乐的生活，将来一定要和齐国决一死战，一雪今日所受的耻辱。

燕昭王心知肚明，如果想要让国家走向富强，第一步就是要有可以辅助自己治理国家的贤臣谋士。于是，他立即发布命令四处招集人才，但是过了好久，他连一个可用之才都没有找到。正当燕昭王一筹莫展的时候，有一个人对他说道："据我所知，咱们国家的元老级人物郭隗非常有才干，颇有见识，您可以请他出山，请教一下他，看看他有什么好的办法。"

第二天，燕昭王亲自来到郭隗的家里，他诚心诚意对郭隗说："看到自己的百姓受苦受难，我实在于心不忍，所以我想要自己的国家富强起来，等到时机成熟，向齐国雪恨，但是久久没有人才可以任用，您有什么方法可以帮助我找到治理国家的人才吗？"

郭隗见燕昭王如此诚心诚意，便说："其实，老臣也没有遇见过非常有才识的人，实在没有现成的人才可以介绍给您，但老臣听说过这样一个故事，可以讲给您听，希望您听后，可以悟得其中的道理，对您今后有所帮助。"

燕昭王满口答应："好的，那么请您开始讲吧，我听着就是。"

郭隗说："在很久很久以前，有这样一位君主，他对千里马情有独钟，可以说是到了痴迷的程度，因此派人四处给他找寻千里马，但是三年过去了，连一根马毛都没有找到，国君大怒。但是后来有一个大臣了解到在遥远的地方，有千里马的踪迹，他便对国君说道：'大王，我可以为您去找千里马，但是我有一个要求，请您赐给我一千两金子，我有了这些金子，就一定可以帮您将马买回来的。'"

国君一听，龙颜大悦，立即下令赐予那位大臣一千两金子，命他务必要将千里马寻来。于是那位大臣快马加鞭、日夜兼程赶往卖马场，但是当那位大臣匆匆赶到的时候，那匹千里马已死。那位大臣害怕极了，他怕自己两手空空地回去，会受到国君的责罚，可能还会因此丢了性命，所以拿那一千两金子将千里马的骨头买了下来。

回国之后，国君见到那位大臣买回来的只是一堆骨头的时候，立即龙颜大怒，用非常严厉的口吻怒骂那位大臣："我是叫你去帮我买千里马，谁知你竟然买了一堆死马的骨头回来，你可知罪吗？"而那位大臣却不慌不忙地说道："若是百姓得知您连已经死了的千里马都可以花这样大的价钱买回来，您还担心别人不争着抢着把活着的千里马卖与您吗？"国君听后半信半疑，便再没有责骂那位大臣。国君花重金买千里马骨头的事情立刻在城里传开了，人们都知道当今君主是一位惜千里马如命的人，在短短一年的时间里，各地的百姓就给国君献上了好几匹品种纯正的千里马。燕昭王聚精会神地听着这个故事，逐渐陷入了深思。

郭隗接着说："若是您想要得到人才，不妨先将老臣当作千里马的骨头试一试，您意下如何啊？"

燕昭王茅塞顿开，明白了郭隗讲这个故事的用意，于是他便立即回宫，并且下令帮郭隗造一幢豪华的房子，让他可以安享晚年，且他把郭隗当作自己的老师一般对待。这件事情立即在民间传开了，其他诸侯国的人才也知道了燕昭王是一个重视人才的仁君，因此纷纷来到燕国，希望可以为燕昭王效力。不久，燕昭王就聚集了一大批可用之才，其中有一个人非常出类拔萃，这个人就是乐毅。

在燕昭王的不懈努力之下，燕国一步步走向强大，在经济、政治、军事等各个方面均有了很大的突破。这个时候齐国的齐宣王已经离开人世，他的儿子齐闵王顺其自然成了齐国新一任国君，而这个齐闵王是一个骄傲的家伙，不断派军队攻占其他国家，早已失去民心，很多国家都开始向齐国报仇。

公元前284年，燕昭王任命乐毅为大将军，联同秦国、赵国、韩国和魏国等国家一同出兵攻打齐国，齐国寡不敌众，就连自己的都城也没能守住。燕国大胜，齐国的国库被燕国军队搜刮殆尽，搬回了燕国。燕昭王终于没有辜负人们的期望，实现了自己的愿望，逐渐让国家走向强大。

局势分析

燕国的这次内乱让齐国有机可乘，燕国也因此受到了重创，国力衰微。在看到燕国被齐国攻破后的惨象，燕昭王深感悲痛却无力还击。

落后只能挨打，为了兴复燕国，一雪前耻，燕昭王即位后就着手招募各种有识之士来帮助自己完成大业，他求贤若渴，诚心诚意向大臣郭隗请教，并重用郭隗，给予他足够的厚待和尊重。燕昭王爱贤敬贤的名声不胫而走，风传天下，各诸侯国的人看到燕昭王如此重视人才，纷纷来到燕国为燕昭王效力。赵国的剧辛，齐国的邹衍，魏国的乐毅……各国人才齐聚燕国，听从燕昭王的号令。从这可以看出，燕昭王在兴复燕国上是有决心、有行动的仁君，曾经的苦难都被他藏在心里化成动力，驱使他一步一步走在强大燕国的道路上。燕昭王所展现出来的不仅仅是王者的气魄，更是一个有远见、有智慧的领导者。燕昭王厚待人才，大臣们竭心尽力，君臣之间更是建立了深厚的情谊。后来，在这些人才的帮助下，燕昭王终于能实现心中的理想，让燕国走向强大，让曾经弱小被欺的燕国成功跻身强国之列。燕昭王求贤兴国的故事同样给了后人启示，人才是事业发展的基础，人才兴、事业兴，人才废、事业衰。这几乎已成了古今中外治国安邦的一条定律。把吸引和用好人才放在富国强兵的突出位置，惟才是举，才能让国家繁荣富强。

说点局外事

公元前318年，燕昭王的父亲燕王哙，听信谗言，竟然将王位"禅让"给了相国子之，此举引起了太子等旧贵族的不服。公元前314年，燕国国内大乱，齐宣王趁机入侵，杀死燕王哙和子之。后来燕昭王即位，他招贤纳士，决心为燕国雪耻，复兴燕国。

燕昭王重用大臣郭隗，并得到乐毅、剧辛、邹衍等名将谋士的辅佐，加以昭王对百姓"吊死问生，与百姓同其甘苦二十八年"，使燕国兵强国富，终于大败齐国，实现了复仇雪耻的目的。

有一天，燕国王宫里的内侍和卫兵都在交头接耳的议论，他们不知燕昭王为何如此生气，竟怒气冲冲打了太子二十大板。后来得知这是因为太子受了大夫骑劫的挑唆，向燕昭王进谗言污蔑大将乐毅，说乐毅费了三年时间竟还没有打下齐国的莒城和即墨，这或许是乐毅的阴谋，他企图用恩德感化莒城和即墨两地的齐国百姓，赢取民心，等齐民归顺后，乐毅便可顺理成章地当上齐王。

燕昭王始终当乐毅是知己，十分信任乐毅，一听到太子如此说乐毅，便怒了起来。他指着太子骂他是个忘恩负义的畜牲，并说："先王的仇是谁给咱们报的？乐毅的功劳是非常大的，咱们把他当作恩人还不够尊敬，你竟然说他的坏话！就是他真做了齐王，也是他应得的。"

燕昭王责打了太子之后，立即派使者拿着节杖去见乐毅，并立乐毅为齐王。乐毅十分感动，对天起誓，情愿死也不接受封王的命令。此后，乐毅更加尽心尽力地为燕国效劳。

乐毅率燕伐齐

战国时期的列国中，燕国弱小，实力薄弱，没有竞争实力参与到争霸的战场上。自从燕易王去世，太子升并没有继承王位，而是由姬哙继承，称为燕王哙。太子升见无缘王位，就立刻离开了都城。

公元前315年，奸人作乱，用莫须有的名义蛊惑燕王让位，燕王昏庸无能，偏偏信以为真，将王位让给了宰相子之。燕王没有好好治理燕国，百姓怨声四起，国家一时间就乱了套。燕王哙三年，太子平和将军市被企图将王权夺回，但最后以失败告终。

燕国上下一片混乱，齐国趁着这个机会对燕国发动进攻，仅用了五十天，燕国的都城蓟城就被攻破了。齐国在燕国烧杀抢掠，燕国硝烟弥漫，燕王哙和子之被齐军杀死，齐军的行为使燕国的百姓遭到了迫害，其他的国家对齐国的行为也表示不满，于是齐国迫不得已撤兵了。

后来燕国贵族立太子平为王，他就是燕昭王。

燕昭王登基之后，对齐国之前的残暴行径恨之入骨。他省吃俭用，俯察民情，一心为百姓着想，推行了民生政策，燕国日趋昌盛。他还四处招兵买马，广纳贤才，各国有能力的仁人志士都相继投奔到燕国，这其中就有乐毅。

乐毅，是战国时期中山灵寿人，魏国的乐羊是他的先祖，乐羊是魏文侯手下的一名大将。公元前406年，乐羊奉命率领魏军攻打中山国，将中山国一举击破，立下汗马功劳，功勋卓著，于是被封在灵寿。后来中山国复国，但又被赵武灵王消灭，因此乐毅就成了赵国人。

乐毅自幼聪明勤奋，对兵法有着浓厚的兴趣，小时候家庭环境的熏陶对他的影响很大，使他今后为远大抱负而奋斗打下了坚实的基础。

战国时期纷争连连，这样的社会环境下，贵族阶级的地位不断下降，各诸侯国之间的邦交关系并不牢固，臣民与君主之间也出现游离的局面。有理想有能力的人带着自己的政治抱负奔赴政治舞台，争相展示自己的才能和本领，他们都在寻求一位贤明的君主。

乐毅也是走在这条路的大队伍里。起初他在赵国做官吏，他才华出众，又善于用兵，赵武灵王对他的才能很欣赏。公元前299年，赵国发生了一起动乱，政治局势动荡不安，乐毅因此对赵国失去了信心，于是他离开了赵国，投奔了魏国，魏王任他为大夫，很快迎来了乐毅人生中的重大转折点。一次他出使燕国，途中遇到了燕昭王。也因此，乐毅放弃了魏国，果断地选择了燕国。燕昭王对其委以重任，封他为"亚卿"，地位仅在上卿之下。乐毅在燕昭王身边辅佐，共同主持军中事宜。

乐毅一边辅佐燕昭王，一边训练燕国军队，时间一下就过了二十多年，燕国的实力增强，国家富有，国库充足，将士们个个英勇善战，这些都是攻打齐国之前做的必要准备。乐毅经过这么长时间的磨炼，终于脱颖而出，成为一名将才。

燕昭王三十八年，燕国的军事实力不断增强，国家富有，百姓生活安定。此时燕昭王问乐毅："我想要攻打齐国，为父报仇，你觉得现在是时候吗？"乐毅回答说："可以。但齐国是强国，光凭我们一己之力恐怕是不行的，我们要和与齐国有恩怨的国家联合起来一起攻打他，这样才能打赢。"

燕昭王采纳了乐毅的建议，于是派乐毅游说赵惠文王攻打齐国，并说服赵国以攻打齐国为由向秦国求援，接着又派剧辛和楚、魏两国联系。齐湣王骄横残暴，各诸侯国早已视他为眼中钉、肉中刺，一听说各国要联合伐齐，一致表示赞同。

公元前284年，乐毅回到了燕国，各国联合伐齐的步伐正在向前迈进。燕昭王封乐毅为上将军，赵惠文王也把相印授予乐毅，于是乐毅作为统帅带领五国将士联合讨伐齐国。齐湣王得知这个消息很震惊，于是亲自率军迎战。

待两军交会之时，乐毅亲自到前方指挥作战，对齐军发起猛攻，五国联军实力不可抵挡。齐军因为连续征战，将士都已精疲力尽，齐王对将士处罚严厉，士兵们对他很失望，根本没有战斗的决心。齐军寡不敌众，被五国联军的兵力打得狼狈而逃，齐王撤回了都城临淄。

燕昭王听到这个消息很高兴，亲自到济西的战场上犒劳将士们，乐毅伐齐有功，封为昌国君。齐军大败之后，乐毅对秦、韩两国的将士予以厚赏，并让他们回国。乐毅觉得齐国的精良部队都已被消灭，国内形势一片混乱，这个时候正是灭齐的最佳时机，他想要乘胜追击，乐毅命魏国的军队直接攻击原先宋国的土地，又命令赵国的军队攻打河间地区，然后自己亲自率领燕国军队杀向齐国都城。

燕国的兵力直逼齐都，齐湣王认为临淄已是一座空城，难以守住，于是仓皇逃走，后来被楚国的将士杀死。乐毅在攻打齐国的六个月内，共攻破齐国七十多座城池，齐国危在旦夕。因此，乐毅这员猛将名扬天下了。

即便如此，能人并非就能竭尽所能，有才华也不能得到施展，乐毅也逃不出这其中的规则。在攻打齐国的最后阶段，乐毅遇到了瓶颈，征战齐国的这五年里，齐国基本上已被他占领，只有莒城和即墨久攻不下，这让乐毅很是头疼。

他一直在想，燕国虽然已经强大，但是仅凭借武力恐怕很难攻破，即使攻破也不能使之臣服，因此想要彻底攻下齐国就要想办法进行巩固。于是乐毅实行了安民政策：对军队进行整顿，对攻占的城池实行轻薄赋税，把之前腐朽的政策废除，维护本土的风俗及文化，向贵族阶级收买人心。他希望能够从根本上使齐国失去防御的决心。在当时这个社会条件下，乐毅这种选择是可取的。

公元前 278 年，燕昭王去世，太子乐盗继位，为燕惠王。惠王曾和乐毅有过矛盾，这件事让齐国的田单知道了，于是他趁这个机会在燕国散布谣言，让燕国上下都知道这件事，乐毅知道这个消息自然是不敢回国，因为一旦回国，燕惠王就有可能替换将领，到时候城池就会被攻破，老百姓就会受到迫害。

惠王知道这个消息，果然如田单所料，惠王派骑劫替换乐毅，让乐毅回国，乐毅觉得回去也不会有好的结果，于是直接投奔了赵国。将士都在为此打抱不平，因此内部矛盾产生，田单又趁机采取反攻，燕军只得仓皇逃亡，混乱中骑劫被杀，齐军反败为胜，将燕军直逼燕国境内，因此田单将齐国全部收复。

到了这个时候已是覆水难收，燕惠王为此很后悔，到了眼前的胜利却被敌军钻了空子，燕军兵力受损，好不容易占领齐国的土地一下子都没了，还把乐毅这员大将逼到了赵国。除此之外，他还对乐毅投奔赵国这件事耿耿于怀，害怕赵国乘人之危攻打燕国。

于是惠王带着懊悔的心情派人去找乐毅道歉说："先王器重你，对你委以重任，这次你为燕国立下了大功，为先王报仇，百姓对此也很拥戴你，我也不会忘记你为燕国做出的努力。可是先王去世才没多久，我也刚刚继位，不该听他人故意挑拨的谗言，我派骑劫换你回国，是因为你常年在外征战不辞辛苦，所以我想让你回来好好休息休息，和我共同商议国事。怎知你听信传言，直接投奔到赵国。你为自己今后着想，这个我是可以理解的，但是你怎么报答先王对你的知遇之恩？"

于是，乐毅书写了一封著名的《报燕惠王书》，这封书信表明了燕惠王的昏庸无能，并表达了自己对国家的忠诚之心，和先王之间的君臣之情，并对惠王对自己的责难、虚伪以及误解进行斥责，表明了自己忠心不为效昏君的精神。

燕惠王看到之后内心感到非常惭愧，并照顾好乐毅的家人，乐毅也时常走动于燕赵之间。时间的皱纹在乐毅的脸上显现，双鬓斑白，渐渐年迈的乐毅带着惆怅画上了人生的句点。

局势分析

乐毅率领燕赵军队共同攻打齐国，一举攻破七十多座城池，足以显示出他的能力超群，是一位有勇有谋的军事家。从他写的《报燕惠王书》中他的主张和思想来看，尤其对君主用人要求上也能够看出他是一个有远大抱负的人。在当时那个封建时代，乐毅和燕昭王之间建立的深厚的君臣之情是令人向往的，他曾在赵、魏效力，政治经历丰富，视野开阔，这些经历使他的能力有所提升，功勋卓著，使他能够在当时产生深远的影响。

当然这和当时的社会背景有一定的关系，有了机遇还需要社会条件的允许，在这个封建社会，出国并不需要签证护照之类，因此人才可以自由流动，这和大环境是有关系的。燕国与齐国的矛盾关系日益激化，燕国求贤若渴、增强国家实力的愿望为乐毅能够成为旷世奇才提供了很好的机会。

说点局外事

战国时期，燕国将领乐毅率军讨伐齐国，让士兵们驻守在乐陵边境内，突然发现这个地方的枣和其他地方的不一样，味道酸甜松脆，猜想可能是水土的原因，于是派士兵从燕国运来上千棵枣树，让士兵们把它们栽在了这里。经过长年的战乱，枣树几乎没剩下几棵了，只有这棵树在战乱过后依然能够顽强地活下来，且枝叶繁茂，相传，这是当年乐毅种下的，因此这棵树被人称为"乐毅树"。

宜阳之战

自战国初期开始，韩国就因为国力过于弱小而一直处于被他国侵犯的状态。韩国地理位置不佳，并且四周的诸侯国实力都远远超过韩国。与韩国西面紧邻的，是如狼似虎、野心勃勃的秦国；而东边相邻的魏国虽然实力没有秦国强大，但与韩国相比较，无论从军事还是经济上都要比韩国强大得多，这样一个地理格局让韩国吃尽了苦头。

除了在地理位置上处于劣势之外，韩国实力不济还有另外一个重要的原因，百年以来韩国一直没有出过一位德才兼备、大有作为的贤能君主，这也是后来导致宜阳之战的原因之一。

韩国的都城最初定在平阳，但让当时的韩国君主感到十分无奈的是，离平阳不远的地方也分布着其他诸侯国的都城，而且实力都远远强于韩国，在这样的环境中求生存无疑是一件很困难的事。因此，当时刚刚继位的周威烈王便决定要将韩国的都城迁往宜阳。

宜阳的地理位置确实要比平阳好很多，它位于宜水的北面，南面就是地形险恶的秦岭，西面有崤山作为屏障，北面横跨黄河，优越的地理优势可以说是依山傍水，不用人为修建防御工事，全都是大自然给予的天然保护伞，完全可以做到一夫当关万夫莫开。

除了优越的地理位置之外，还有一个重要的原因促使周威烈王要将都城迁到宜阳。宜阳西面的地区原来是虢国的旧地，经过数百年的精心治理，那里的经济水平已经相当高，社会氛围也很安定。在宜阳的东南方向是一片地势开阔的平原，物产极为丰富。

天然的地理优势加上附近地区的繁荣，将都城建立在宜阳对韩国的战略发展来说起到了极大的推动作用，对外可以有力地抵抗其他诸侯国的入侵，对内也能够较为顺利的发展农业和商贸，从而加速韩国的经济发展。

对于韩国来讲，宜阳是一块不可多得的风水宝地，凭借它的优势，韩国的国力定能得到飞速的发展。但是对于一心想要称霸天下的秦国来说，坚决不会容忍任何一个诸侯国发展壮大，因此，韩国必然是秦国要拔除的钉子。

为了加快统一天下的步伐，秦国发兵掌握了西北边陲地区的局势，然后在张仪"东进计划"的指导下秦国军队一路向东进发。要想进一步东进必然要经过宜阳，只要攻占了宜阳城，不仅可以轻易地拿下韩国，而且东方的大门也会因此向秦国打开，这样一来统一天下的目标就指日可待了。

当时秦国的君主是秦武王，为了增加获胜的概率，秦武王不断对韩国周围的诸侯国威逼利诱，并派人出使魏国，提出要与魏国交好。为了防止魏国过后反悔，秦武王还专门让两国的君主都签订了盟约。

随后，秦武王又派冯章出使楚国，以奉还之前秦国夺取的楚国领地为条件，要求楚国在之后秦国和韩国交战时保持中立。楚国当时的君主是楚怀王，经过连年的战争，楚国的国力已经大不如前，楚怀王的抗秦之心现在也几乎消失殆尽，听到冯章要以失地换取中立的条件后十分高兴，马上一口答应下来。

和韩国相邻的楚国和魏国都协商好之后，秦国彻底掐断了韩国的救援军，在这样的情况下韩国可以说已经到了孤立无援的境地，一旦开战必然会战败。

当把一切都安排好之后，秦武王向韩国发出了最后通牒，如果韩国能在这时候主动将宜阳城献给秦国，秦国可以答应放韩国一条生路。秦武王本以为韩国会被自己的国力所迫甘愿献出宜阳城，但没想到这一要求受到了韩王的坚决拒绝，在几次和谈均没有达成一致意见之后，秦武王最终失去了耐心。

公元前308年，秦武王派大将甘茂率领大批军队由潼关进入河南西部地区，然后绕过函谷关和陕城，最终到达崤山。之后由崤山开始一路向南挺进，渡过永昌河和洛河等几条河流之后到达大军的最终目的地——宜阳城下。

军队刚到宜阳城下，甘茂来不及让士兵们休息，就下令向宜阳城发起了进攻，但宜阳城并没有想象中那样容易攻破，秦军先后三次发动突击都没有攻进城去。

这样的情况并不奇怪，虽说韩国实力弱小，但宜阳城作为国家的都城，韩王肯定会派重兵把守，况且宜阳城内经济繁华，有了强大的经济做后盾，士兵们心里多少也有了底气，上阵杀敌也比以前勇猛得多。

由于甘茂之前对战争局势做出了过于乐观的估计，导致三次攻城皆败之后秦军死伤人数迅速增加，战斗力也明显下降。这时候，当初答应保持中立的楚国也单方面撕毁了合约，转而和韩国结盟共同抗击秦军。

考虑到双方兵力相差悬殊，宜阳城难以攻破的情况，甘茂对作战方法重新进行了调整，他决定速战速决。因此，他在众将士面前下了死命令，如果下次对宜阳城发动进攻还是以失败告终的话，他就将宜阳当作自己的坟墓，就算战死在这里也心甘情愿。

除此之外，为了鼓励将士，甘茂甚至拿出了自己多年来积攒下的钱财，他将这些钱财分发到将士们手中作为对他们英勇杀敌的奖赏。甘茂的决心给将士们带来很大的触动，第二天再次向宜阳城发动进攻的时候，战士们一个个如狼似虎般冲向韩、楚联军。在一场惨烈的厮杀之后，联军被秦军猛烈的进攻势头所压制，秦军越战越勇而联军却开始节节败退，最终溃不成军，宜阳城被秦军占领，城中六万多韩军全部战死。

经过几年休整之后，公元前298年，韩国出兵又将当年被夺取的宜阳城收复回来。但这种相对稳定的局面持续的时间并不是很长，自韩魏两国国君去世之后，齐国孟尝君也被罢免了职务。这样的局面对于秦国来说是一个绝佳的进攻时机，因此，秦昭襄王立刻发兵前往宜阳。为了避免出现上次楚国背叛的情况，这次秦军一面进攻宜阳，一面控制了魏国的重要城池。

虽然韩魏两国派重兵抵抗秦军的进攻，但是面对秦军能征善战的战神白起，联军仍然很难取胜。在腹背受敌受到秦军重创之后，韩魏联军又成了瓮中之鳖，被秦军全歼。宜阳之战也由韩魏的战败而结束。

二十多万大军在一仗之后灰飞烟灭，这对于韩魏两国来说无疑是致命的，没过多久，宜阳城就再次被划入秦国的范围内。

局势分析

这次宜阳之战对韩国来说几乎可以说是一场灭顶之灾，军事遭到重创，经济也走上了下坡路，国力日渐衰微。秦国在得到宜阳之后扩张行动不断，众诸侯国人心惶惶，谁都害怕成为秦国下一个目标。

在秦国逐渐成为"超级大国"，各国仅仅靠一国之力难以与之相抗衡的情况下，联合无疑成了能保证各国安全的唯一方法。因此，为了抗击共同的人，也为了保住自己的国家，各诸侯国之间联合起来共同抵制秦国的侵犯，在一定程度上遏制了秦国向外扩张吞并他国的攻势。

宜阳之战之后，韩、魏两国受到的打击是致命的，由此两国迅速走向衰落，而作为战胜国的秦国实力则因此更加壮大，逐渐成为七雄中的新一代霸主。

▌说点局外事 ▌

秦昭襄王七年（公元前300年），樗里疾临终前预言说："一百年之后，这里会有天子的宫殿夹着我的坟墓。"樗里疾的家在秦昭襄王庙西边、渭水之南的阴乡樗里，因此人们称之为樗里疾。西汉建立后，所建的长乐宫就在坟墓的东边，而未央宫就在他坟墓的西边，武库正对着他的坟墓，正如他所预言的那样。于是后世的堪舆家皆奉樗里疾为相地术正宗，尊之为神。

"战神"白起与伊阙之战

白起，芈姓，白氏，名起，楚国白公胜之后。白起素来有"人屠"的称号，是战国四将之一，战国时期秦国名将。出生在郿，是中国历史上的后起之秀，自孙武和吴起之后的又一个著名的军事家和统帅。

战国时期最为显赫的大将白起，是中国古代历史上战功最辉煌的将军，他征战沙场三十多年，只要听说是他带兵来战，六国军队就吓得溃不成军。史书上有准确的记载：所有的国家都不敢与秦国交战，后面多加了一个注释就是因为秦国有白起将军！一个将领到了让人听了都不敢交战的一种地步，这在历史的战争中是很少见的。他为秦国的统一大业立下了汗马功劳，他是中国兵法的最高实战典范，他就是战神——白起！

公元前294年，白起率领秦军进攻韩国，一举攻占新城，因军勋卓著被封为左更。第二年，韩国、魏国任命公孙喜为主帅，率领联军二十四万人进军伊阙攻击秦军。秦军在数量上只有韩、魏联军的一半，但联军为了保存各自的实力，相互推脱，不肯先去作战。

白起看到这种情况，运用集中部队的兵力、逐个击破的战术，先设伪装的士兵牵制联军主力韩军，然后在韩军集中兵力之时出其不意地猛烈攻打魏军，成功将其一举歼灭，并且把对方军队主将公孙喜杀死。随后立即运用兵力攻打韩军。韩军侧方军队暴露，遭到秦军的夹击，溃不成军，惨败地逃跑了。白起乘胜追击，又把韩军全部歼灭，俘虏了韩国主将公孙喜，攻下五座城池。

这场战争之后，白起被提升为国尉，开始了他辉煌的军事生涯，秦国也因为这场战争的实力在中原的扩展之势越来越猛烈。自从那次统兵出战开始，白起每次战争都是必胜的。他用兵不拘一格、刁钻猛狠，逢战必胜，攻击了就必须取得城池，以至于若干年后听说是白起统军出战，山东六国竟然没有人敢带兵与他交锋。

六国开始不再小看这个其貌不扬的关中汉子了。就在此时，白起打出了让全天下都目瞪口呆的一仗。

秦昭襄王十五年，白起被提升为大良造，冬天出兵攻打魏国，攻陷了六十一座池，打破了"冬天不能用兵"的传统习俗，为秦军向东扩张打下了坚实的基础。白起在冬天攻占了魏国的河内地区，这也是他军事生涯中一个永恒的亮点。

白起远远不止是战场上的一员猛将，在狠狠地打击了韩国和魏国之后，白起又瞄准了腹大中空的楚国。公元前280年，秦昭襄王又开始从西南方向展开进攻，决定从西向东经过巴、蜀等地对楚国实行迂回作战方针，直抵楚国腹地黔中。秦昭襄王命令大将军司马错率领大军从陇西进入今四川，给予增补巴、蜀军十万，然后乘坐万艘大脸船，承载了六百万斛米，从巴的涪水向南驶去，进攻楚国。

白起决定直抵入楚，直接捣毁腹心，给楚国来一个毁灭性的打击。经过了周密的策划，白起选择由蓝田（今陕西蓝田西），路过商地，经过丹水流域出武关，再顺着汉水向南下去。如此，既方便在夺取汉水流域丰饶的粮草给军队补给需求，又可以出其不意进入楚境，夺取主要分布在汉水流域的楚国重要城镇。白起命令秦军过河拆桥毁船，自断归路，表示此战必胜。

楚军害怕白起，又因为在本国发生战事而有后顾之忧，无法抵挡秦国精锐将士的猛烈攻击，节节败退。秦军长驱直入，迅速夺取汉水流域重要地方邓，直抵楚别都鄢（今宜城东南）。鄢地理位置十分重要，鄢地要是失守，楚国就危险了。要知道，鄢地是保护郢都的军事重镇。楚国为保护都城，紧急调主力军队防守鄢地。秦军在此遇到了进攻楚国以来最顽强的抵抗，几次攻击都没有攻下来，然后就改为水路攻击。秦军在距离鄢城四百里处筑堰拦水，蓄到了一定高度就放水淹城。滔滔洪水吞没了鄢城，军民死伤有十万，水面上漂浮了很多尸体，秦军随后占领了鄢城。

秦军歼灭了鄢城的楚国军后，向西渡漳水和睢水，攻打西陵，扼住长江，截断了郢与西面巫郡的联系。然后又沿着长江向东攻打，烧了夷陵楚王的宗庙，直抵郢都。楚顷襄王匆匆向东逃离，把都城迁到陈。白起一直追到了竟陵才停止，竟陵西面、北面的广阔地区都是秦国所有。秦国在郢地设置南郡，委任官员治理。

这场战争是中国古代战争史上深入敌国作战的著名战例。这一战，秦国选择了最佳的出兵时机和进军路线，取得了攻打楚国的战略主动性。孤军奋战在楚国境内，等于置之死地而后生，白起集中使用兵力，速战速决攻击楚国要害，终于把楚国给攻打下来了。攻打鄢郢之战，展现出了白起超人的胆略、精明勇敢的作战指挥能力。

在此战中，白起从一开始就改变了以前各国攻打楚国的用兵做法，竟然在最短的时间里从无到有训练出了秦国的水师，从江州出发向东边进攻，一举击溃了强大的楚国水军，攻下楚国的都城郢，烧毁了楚国的夷陵，带兵到了竟陵，楚王被逼得不得不逃离都城。攻打楚国的战争对白起来说意味着无比的光荣，他再一次让各国知道了他的厉害，但是对楚国来说，白起带来的则是永远的耻辱。从那以后，楚国就更加衰弱了。白起因战功卓著被秦昭襄王封为武安君。

白起淋漓尽致地展现出了他卓越的军事才能，使自己成为继孙武之后，中国古代历史上又一个卓越不凡的军事将领。

司马迁评价白起"其之功高过西周开国元勋周公姬旦、召公姬奭和姜太公吕望",这是对白起一生军事生涯的最高评价。但是,功不抵过,白起活埋赵军数十万士兵的罪孽,使他最后不能善终,也受到后人的批判。

其实,白起在临死时也认识到他活埋投降士兵罪不容赦。史料记载白起被秦王贬职之后回到家乡,刚刚走到咸阳西门里路,秦王就派使者送来宝剑,责令他自杀。后来白起把剑放在脖子上,感慨地说:"我本应该死。长平之战,赵国的数十万士兵已经投降,但还是被我给活埋了,我死不足惜。"之后就自杀了。

局势分析

白起可以说是秦国历史上最伟大的将领,在长达三十七年的征战生涯中,总共歼灭六国军队一百多万人,攻下六国的城池大小七十多座,而且逢战必赢,既是高明的战略家,又是高超的战术家。他为秦国日后的统一大业奠定了坚实的基础。

白起当将领,刚毅果断,有勇有谋,善于攻取,很会使用"谋攻"的战略,不是速战速决,就是长久围困,或者是长途跋涉的偷袭,或者是连续进攻,根据地势做出敌人不能预料的作战方针。难怪司马迁称赞白起"料敌合变,出奇无穷,声震天下"。

白起的作战指挥技术代表了战国时期战争发展的水平。白起用兵喜欢分析敌人和本军队的形势,经过分析之后,再做出冷静的判断,果断地采取正确的作战方针,对敌人发起雷鸣电闪般的猛烈进攻,直到把敌人全部消灭为止。战无不胜,攻无不克,用来描述白起的军旅生涯正是恰如其分。

但是,由于白起杀死无辜的敌人太多,也被那些"仁义道德"的文人排除在外。所以后人常常把他叫做杀人魔王,甚至有的史学家认为,白起从根本上就不能算是一个名将。但是我们知道,在世界军事史上,白起占有非常重要的地位,是真正为战争而生的"战神"!

说点局外事

白起作战有四个特点：

一、不把攻击城池作为最终目标，把歼灭敌人的有生力量视为最主要的攻击点。他善于采取野战攻击，凡作战必然歼灭，这也是白起在作战中最为突出的一个特点。在战争历史上，他采用围歼战居多，从这种攻击策略上看，他是一个杰出的军事统帅，同时也是善于攻打歼灭战的将领之一。

二、白起在歼灭战中战斗的目的性极强，他主要强调要乘胜追击，对敌人的追击不能松懈，和孙武的"穷寇勿追"和商鞅的"大战胜逐北无过十里"相比要更胜一筹。

三、更加注重野战中的防御工事，首先诱惑敌人离开防御的阵地，然后在预测歼灭敌人的地方筑建阻击敌人的堡垒，并对其防范突围。用这种防御工事作为攻击的主要战略手段，在当时是绝无仅有的。

四、他对战斗前的战争预算很精通，无论是在双方的军事上还是政治上，他都算得无比精确，从未失算过。在没有战争前就能算出胜败，因此太史公司马迁称赞白起说："料敌合变，出奇无穷，声震天下。"

邹忌讽齐王纳谏

自从田氏代齐之后，齐国的发展可以说是蒸蒸日上，国力日渐雄厚，社会秩序也比较稳定，百姓安居乐业，真正走上了国富兵强的道路。

公元前358年，齐国新一任君主齐威王登基，仗着齐国国力昌盛，认为别的国家会因为惧怕齐国的军事力量而不敢侵犯，自己可以高枕无忧。因此，齐威王继位之后不久便开始了纸醉金迷的生活，不上朝听政，不处理国事，一天到晚待在后宫和嫔妃们喝酒取乐。

起初大臣们并没有什么意见，毕竟齐国国力雄厚，就算齐威王暂时荒废朝政，也不会对齐国的发展带来多大的影响。但没想到齐威王深陷其中不能自拔，这样荒淫无道的生活一过就是九年，在这九年里齐威王没有一丝想要悔改的意思。

虽然齐国地大物博，有一定的积蓄，但在齐威王挥金如土的浪费下，国库渐渐空虚，经济发展的速度也明显下降，社会秩序完全混乱，盗贼盛行，百姓苦不堪言。

在群雄争霸的年代，只要国力衰退，其他国家便会趁火打劫发动攻击，以便抢财占地。趁着齐威王沉迷酒色的时候，其他的诸侯国纷纷趁机攻打齐国，由于齐军并没有十分出众的将领，也没有来自他国的增援，因此屡战屡败。虽然最终抵住了入侵，但是边境地区的局势很不太平，齐国依旧十分危险。

可这时齐威王仍旧每日待在后宫没有一点着急的样子，大臣们再也没办法忍下去，于是纷纷上书，苦口婆心地摆事实讲道理，劝说齐威王尽快从堕落中苏醒过来，唤醒他心中作为一国之君的使命感和责任感，早日处理政事，勤政爱民，带领齐国将士击退外敌，重新发展。

正所谓物极必反，大臣们天天谏言很快引起了齐威王的反感，他不但没有采纳大臣们的建议，反而更加迷恋后宫潇洒舒适的生活，对枯燥无味又特别繁重的国家大事完全失去了兴趣，后来竟然将注意力全都放到如何提高琴艺上来。

大臣们没有放弃，仍旧不厌其烦地一次次上书，最后齐威王被彻底激怒了，下令凡是进谏的人一律不见，如果强行闯入一律处斩。旨意一下，大臣们也束手无策，为了保住性命，只好闭口不提让齐威王理政的事。

邹忌自从齐桓公时期就开始在朝廷中任职，看到齐威王一点点陷入酒色当中不理朝政，看到以前昌盛的齐国渐渐走向衰落，心里万分焦急，本想劝说，但无奈齐威王天天在后宫中很少上朝，平时很难见面，因此也就没有合适的机会进言。

有一天，邹忌听说齐威王特别喜欢弹琴，经常将全国各地优秀的琴师召到宫里为他单独演奏，邹忌灵机一动想到了劝谏的好方法。

邹忌回到家，将自己乔装打扮了一番，扮成一名琴师的模样进宫求见齐威王，说自己弹得一手好琴，特意前来为齐威王演奏，求齐威王召见。

齐威王听说来了一名琴师，特别高兴，马上召邹忌进宫。邹忌进来的时候正赶上齐威王在弹琴，邹忌站着听了一会儿说道："大王果然好琴艺。"齐威王听到有人夸赞心中自然高兴，但脸上并没有表现出来，只是反问道："好在哪里呢？"邹忌分析道："大王在弹奏大弦时，声音即为庄重和沉稳，将君王的气度表现得淋漓尽致；弹奏小弦时声音极为清晰，也很明朗，与贤能的国相神采相似，两者相得益彰。另外，大王手下弹出的每一个音调都恰到好处，高低缓急，有的舒缓有的深沉，虽然复杂多变但整体上却很有层次，也十分和谐。就好比国家颁布的每一条制度和法令，每一项都恰到好处，所谓的政通人和就是这个样子。"

齐威王听邹忌对他琴艺的评价虽然中肯但句句包含治国之道，心中不免有些反感，便说："我只是将弹琴作为自己的一个爱好，消磨时光，你是专业的琴师，技艺肯定要在我之上，请你弹一曲让寡人开开眼吧。"说完便赐座给邹忌，并命人抬了好几张琴过来，放在邹忌面前。

邹忌说："平民愿意为大王效劳。"说完便坐到琴前，双手在琴上面来回拨弄却迟迟不真正开始弹。

齐威王见状感到很奇怪，问道："先生迟迟不弹，是因为琴的质量不好吗？"邹忌回答说："不是琴的原因，这张琴是一张上等好琴。"齐威王有些恼怒，说："既然不是琴的原因，那你为什么不弹，难道你是在故意戏弄我吗？"邹忌不慌不忙地回答："小人不敢，我是一名琴师，以弹琴为业，如果不弹大王肯定会怪罪，但是大王您手里握着齐国这把巨大的琴，可是九年来从没弹过，让全国的百姓等得太久了，琴不弹不响，国不治不强。"

听完邹忌的一番话，齐威王感到十分惭愧，便向邹忌询问治国的意见。两人谈了很久，到最后齐威王心中国君的责任感被彻底激发出来，决心要专心治国。邹忌的才能也令齐威王十分敬佩，于是将他封为相国。

后来齐威王果然重整朝纲，勤政爱民，齐国的情况又慢慢好转起来。

邹忌身材高挑，相貌不凡，经常被人夸赞是一名美男子。有一天早晨，他一边穿衣服一边问妻子说："我和城北的徐公相比，谁的相貌更好看呢？"妻子笑着说："徐公虽然仪表不凡，但是跟您相比还差得远，哪比得上您呢？"

邹忌心里还是不确定，因为徐公以美貌闻名齐国，自己虽然相貌堂堂但是真的要比徐公美得多吗？于是他又向他的爱妾提出了同样的问题："我和城北的徐公相比，谁的相貌更好看呢？"他的爱妾看了看他，回答说："您比徐公美多了。"

有一天，有位客人来拜访邹忌，邹忌又向客人提出了相同的问题："我和城北的徐公相比，谁的相貌更好看呢？"客人想都没想就毕恭毕敬地回答："徐公真的没有您美。"

过了几天，城北的徐公正好过来拜会邹忌，在交谈的间隙，邹忌仔细观察着徐公，发现徐公真的同人们传说的一样美，邹忌甚至都快被徐公的美貌惊呆了。徐公走后，邹忌回到屋照镜子，发现自己跟徐公相比简直差远了，令他不解的是，为什么自己明明没有徐公美，人们却纷纷对他说徐公比不上自己呢？

经过反复思考，邹忌终于想明白了，他的妻子说徐公没有他美，是因为对他的偏爱；他的爱妾说徐公没有他美，是因为害怕他；他的客人说徐公没有他美，是因为有事求他帮忙。由此，他联想到了朝政，发现道理是相通的，于是打算将这个事讲给齐威王听。

第二天一早，邹忌便进宫觐见齐威王，对齐威王说："微臣自己知道没有城北徐公长得美，但是微臣的妻子偏爱臣，微臣的爱妾惧怕臣，微臣的客人有事求臣，所以他们一致认为城北的徐公没有微臣美。齐国方圆千里，城池一百多座，朝廷内外没有人不偏爱大王，满朝文武没有人不惧怕大王，百姓都希望得到大王的恩赏。由此可见，大王您平常正蒙受着多么大的欺骗啊。"

听邹忌这么一说，齐威王恍然大悟，于是立刻下令：从今天开始，不论是谁，只要敢在我面前直接指出我的过错的，我将会给他上等赏赐；敢通过上书的方式指出我的错误的，我将给他中等赏赐；敢在公众场合议论我的过错并最后传到我耳朵里的，我将给他下等赏赐。

这道命令一颁布，立刻在全国范围内引起了强烈的反响，朝廷内外，满朝文武纷纷尽一切可能，用尽所有的方式和手段向齐威王进言。齐威王再通过所犯错误严重性的大小来决定处理办法，有错误就改，没错误就引以为戒。

通过这次进谏，齐威王对国家多方面的治理及时进行了调整，国家很快又重新走上了富强的道路。随着齐国国力不断增强，齐威王的名声也越来越大，天下很多有才能的人纷纷来到齐国，并在朝廷中任职，为齐国的发展贡献了自己的力量。

局势分析

邹忌讽齐王纳谏，不仅显示了邹忌高超的劝谏能力，而且对齐国的发展也起到了一定的推动作用。可以说如果没有邹忌，齐威王就不会觉醒继而成为一代明君；没有邹忌，齐国就不会迅速由衰落走向富强。主要原因有以下几个方面：

第一，邹忌善于借讽，通过小事情的讲述将道理巧妙地表述出来，在无形中达到了说服他人的目的。

第二，如果没有邹忌，齐威王很可能依然沉浸在纸醉金迷的放荡生活中。正是因为邹忌的及时提醒，齐威王才幡然顿悟，将全部精力都放在治理国家上，并且广开言路主动正视自己的缺点和错误，最终成为一代明君。

第三，如果没有邹忌，齐国很可能已经在他国的侵略下荡然无存或者被瓜分殆尽，可以说邹忌是挽救齐国于危难之中的首位功臣，更是推动齐国经济、政治、军事等方面向前发展的最大功臣之一。

骁勇善战的大将廉颇

廉颇是战国时期赵国人，他是个颇具军事才能的英勇之士，他善于用兵，曾多次率领军队攻打齐、魏等国。公元前251年，廉颇率军一举击败了燕军，被赵王封为信平君，与此同时还担任赵国的相国。在赵悼襄王时期，廉颇的政治和军事生涯并没有受到赏识，后来投奔到了魏国的都城大梁。而后由于赵国屡次遭到秦国的猛烈攻击，赵悼襄王想要召廉颇回国率军抗击秦国。廉颇心系故土，想要为赵国效力，但奸臣作乱，阻止了这件事的发生，因此没能如愿。后来他一直住在楚国，由于过于忧虑，心中愤懑，郁郁而终。

赵惠文王初期，在六国中，齐国独大，他和秦国在东方都是强盛的国家。秦国野心庞大，始终想要扩充自己的军事实力和疆土，而赵国是他的眼中钉，因此必先将赵国除之而后快。大战来临之际，赵王派廉颇率军攻打秦军，多次获胜。无奈之下，秦军改变了战争策略，决定合纵。

公元前285年，秦国和赵国请和，想要谋划合纵伐齐，与韩、赵、魏、

燕五国组成五国联军，共同向齐国发起猛烈的攻势，打败齐军。在此期间，廉颇率军攻打齐国，直接打进齐国境内，一举击破阳晋，使各诸侯国为之震惊，因此赵国也就成了诸侯六国之首。待廉颇凯旋，赵王封他为上卿。然而秦国将目光盯准赵国，却又因其兵力强大而不敢轻易采取进攻，也因为廉颇是他最大的威胁。后来廉颇率军出征，屡战屡胜，各诸侯国都佩服他的军事才华，同时也畏惧赵国的国威。

公元前 275 年到公元前 267 年的这段时间，是廉颇军旅生涯中真正辉煌的几年。他为赵国立下大功，攻打下了齐国的几个地方，又攻占了魏国的防陵与安阳两座城池。他的威望可谓是如日中天！

以后的几年，廉颇渐渐淡出了官场。直到赵惠文王死后，赵孝成王即位，他才开始复出。

公元前 262 年（赵孝成王四年，秦昭襄王四十五年），秦国将领王龁进攻已经是赵地的上党。当时赵国的马服君赵奢已经去世，蔺相如也有病在身，能与秦军作战的大将就剩廉颇了，因为当时他已经任职上卿二十多年，与魏、齐的作战经验非常丰富。

赵国让廉颇担当将领，他将全军队伍分为两路，一路由乐乘率领军队直抵代地，用来抗击西部燕军，另外一路他亲自率领，在都城（今河北柏乡县北）迎战燕军主力部队。廉颇指挥的目的是保卫乡土，采取集中兵力打击敌人正面的战法，首战告捷，挫掉了燕国士兵的锋利，打掉了燕军的嚣张气焰。紧接着，他率领赵军打败燕军主力，果断杀了燕将栗腹。燕军主帅被斩之后，燕军惊慌之余溃不成军地败退了。

廉颇抓住燕军败退的时机，立刻命令赵军乘胜追击，追逐了五百里。在公元前 250 年，直抵燕国都城蓟（今北京市）。燕王眼看国家危在旦夕，只好勉强答应赵国提出的割让五座城池等全部要求，并向赵国求和。廉颇以战功显著被封为信平君，管理相国。

不要说廉颇用兵狠，长平战争之后，赵国已经没有办法与任何一个国家抗衡。他之所以不惜一切代价迎战燕军，直逼燕国都城，就是为了给对赵国怀有企图的国家一个提醒：赵国不会灭亡，因为廉颇还活着！

廉颇担任相国六七年，多次击退入侵的敌军，并寻找合适的时机给予反击。公元前 245 年，廉颇带兵攻打魏地笼阳（今河南内黄县西北）时，就说明赵国国力有所恢复。

长平之战被免职回家的廉颇，不但失去了权势，而且连原来的门客都离开了。等到他再被重用当将军时，门客们又都回到他的身边了。廉颇对此感慨颇深，而门客却告诉他："这不足为奇，现在就是这样的社会，您有权势我们就追随您，您没权势我们就离开，这就是买卖常理，您又有什么好埋怨的呢？"

公元前 245 年，赵孝成王去世，他的儿子悼襄王继位。赵国再一次重复着之前的那个怪圈。因为奸臣郭开的一句谗言，廉颇又被罢了官职，取而代之的是乐乘。廉颇本来脾气就不是很好，谁要是惹着他了，他就要把他杀了，乐乘没办法只好逃走。在这种情况下，廉颇决定离开赵国投奔魏国，魏王收留了他，可是对他却不信任，更不会对他委以重任。廉颇感到了前所未有的失意、失落与失望。

廉颇离开赵国之后，秦国又来攻打赵国，赵王又开始想廉颇了。廉颇听说之后内心非常激动，他想回去，因为他还是放不下自己几乎一生都为之服务、为之奋斗、为之贡献、为之牺牲的赵国。

不久之后，赵王就派使者唐玖带着奇兽之皮缝制的盔甲一副和四匹良马，到魏都大梁去看望廉颇。见了唐玖，并读完赵王热情洋溢的邀请函之后，廉颇难以按捺内心的激动，和唐玖一起吃饭的时候，他狼吞虎咽，一顿就吃了一斗米饭，十斤肉食！吃过饭之后又将赵王所赐的盔甲披挂在身，飞身一跃骑上赵王所赐的良马，抖了一下缰绳，立刻飞驰而去，一路舞动长戟，再次显示他当年的威风。

廉颇努力的表演，让唐玖看得眼花缭乱。但廉颇万万没有想到，唐玖来之前，奸臣郭开就暗中花高价钱把唐玖贿赂收买了，所以唐玖回去肯定不会把廉颇给他展示的如实告诉给赵王。果然，唐玖回去之后就告诉赵王："廉将军身体还行，饭量也还好，但的确是老了，我和廉将军聊天的时候，他一会儿就去了三次茅厕。"因为奸臣从中作梗，廉颇没有得到再次为国效劳的机会。

楚国听说了廉颇在魏国，就暗中派人把廉颇接到楚国。廉颇担任楚国将

领之后，没有建立什么功劳。他说："我思念赵国的人。"（《史记·廉颇蔺相如列传》）流露出廉颇对祖国乡亲的眷恋之情。到最后，赵国终究还是没能重新起用他，导致这位为赵国做出重大贡献的一代名将廉颇，最终因为抑郁不乐老死在楚国的寿春（今安徽省寿县）。十几年之后，赵国被秦国给灭亡。

局势分析

廉颇最令后人称道的有两点，一点是他令敌军闻风丧胆的军事能力，另一点则是他知错就改的广阔胸襟。

第一，在军事上，廉颇善于用兵并且精通各路阵法的排列和破解之术。因此，只要是他率军出征每次都会凯旋，更创造了征战沙场数十年，勇夺城池无数座，经历战役无数场而从未战败过一次的辉煌战绩。

虽然他的一生充满坎坷，在魏国、赵国、楚国等几个诸侯国中来回效力，最后在楚国去世，但无论他为哪一个国家效力都尽了自己最大的能力，带领军队南征北战帮助国家抵御外侵，保护了国家的安全和百姓的生活。

第二，在廉颇的为人上，虽然在与蔺相如产生矛盾之后发表过一些不当的言论，但是当他意识到自己的错误时能够从容面对，主动向蔺相如认错道歉，这显示出他坦诚的为人。一般情况下武将更爱面子，而且为人多粗鲁，而廉颇的行为却一改人们对武将的这一认识，为武将们起到了很好的表率作用。

廉颇的认错使他与蔺相如言归于好，在两人的共同努力下，赵国的实力显著增强，在很长一段时期内都没有再受到他国的侵扰。

廉颇是战国时期一位很有才华的杰出将领，他征战数十年，攻下城池无数座都没有过败绩。为人心胸开阔，和人坦诚相待，勇于知错就改。正如司马光所言，他的一生是"一身用与不用，实为赵国存亡所系。此真可以为后代用人殷鉴矣。"这一句话既概括了他一生的荣辱，又揭示了人才与国家兴衰存亡的重要关系，值得后人深思。

说点局外事

相传赵王中了秦国的反间计，任命只会纸上谈兵的赵括为统帅，取代廉颇。廉颇对赵括说："秦军既然跋涉千里发动攻击，主要目的就在于想要速战速决，应当以防守为主。"说完把守势图交给他。没想到赵括却不予理睬，廉颇一气之下将帅印交出，离开军营，驾着马车回到邯郸。

廉颇途中经过一个村子，百姓见到他都跪下来向他行礼，他这才想起自己依然身披铠甲，穿着战靴，他觉得自己已经被卸去职务，没有必要穿戴战衣，于是把身上的三件东西都脱了下来，离开了这里。人们为了纪念他，把这个村子起名为"三甲村"。

廉颇越走内心越觉得不安，赵括骄纵蛮横，他太容易轻敌，如果就这么轻易出兵，一定会败给敌军。赵军战士们和百姓们纷纷挽留，他更加犹豫，担心国家的安危。他内心犹豫不决，觉得自己已经卸去职务，一走了之吧！一会儿又觉得长平之战，事关江山社稷，绝非儿戏，四十万兵马总不能就这么轻易被敌军消灭吧……想着想着，他内心越发变得忐忑不安，他想了好长时间，但还是举棋不定，后来他接到邯郸发来的诏书让他回朝待命，于是叹息一声离开了。从这以后，当地人就把这个村子起名为徘徊村。

邯郸的诏书虽然发到他手里，但他已经决定离开这里，百姓们都尽力挽留他。廉颇一头白发，胡须斑白，骑着一匹高大健硕的玉兔赛风驹。为了避免受到百姓们的挽留，尽快离开这里，他忍痛割爱，把自己的宝马都给换掉了。因此，人们就把这个地方起名为换马村。

鸡鸣狗盗孟尝君

孟尝君即田文，战国时期齐国人，是战国四公子之一，他非常重视人才，因而花费重金供养有才能的人做门客，他的门客有三千多人，他也因此而声名远扬。很多有才能的贤士听说他求贤若渴，都纷纷依附于他，这也对他的政治生涯发挥着举足轻重的作用。

田文在薛邑的时候，他从各诸侯国招揽宾客和犯过罪的人，有很多都依附到田文的门下。田文惜才，为了供养门客，他不惜花重金给门客很好的待遇，因而有才能的人都想要归附他。他的食客很多，都没有贵贱之分，待遇和田文是一样的。

田文每次招揽宾客，在接待的时候和宾客的所有谈话，他都会派侍史隔着屏风记下他们的所有谈话内容，包括宾客亲戚的居住地。当宾客离开，田文就派人去宾客家里拜访问候，并送上见面礼。

有一次田文在和宾客吃晚饭的时候，有人把屋子里的灯光遮住了，于是宾客很愤怒，觉得饭菜的质量一定有差别，放下碗筷就要走。田文立刻起身，把自己的饭和他的对比，宾客内心万分羞愧，于是拿起剑自刎谢罪。

有才之士很多都愿意归附田文，田文待人热情，不分高低贵贱，不分远近亲疏，对待宾客一视同仁，因此宾客们都觉得田文和自己的关系最为亲近。

田文和秦国有过一段恩怨，当时秦昭襄王听说田文是个有才能的贤士，于是把泾阳君派到齐国当了人质，并邀请田文到秦国见上一面。田文正准备出发去秦国，宾客们听说了都不赞同，劝说他，但他很固执，任凭谁说也不听。

就在这个时候，有一个叫苏代的宾客对田文说："今天早晨我从外面回来，路上看到一个木偶人和一个土偶人，他们正在谈话。木偶人说：'如果哪天一下雨，你就要被毁了。'土偶人说：'我本身就是用泥土做成的，即使毁了也要回到原本的泥土里。如果真的下雨了，水流会把你冲走，也不知道会把你冲到哪呢。'如今的秦国，是一个如狼似虎的国家，如果您一定要去，一旦不能平安回来，土偶人能不嘲笑您吗？"田文听了宾客的话之后明白了这个道理，于是决定不去秦国。

公元前299年，齐湣王派孟尝君田文到秦国，在这个时期，秦昭襄王的主要目标就是破坏齐、楚两国的同盟，为了不让齐楚的势力成为秦国成就霸业的威胁，秦昭襄王想尽了一切办法。

他邀请孟尝君是因为听说齐国的百姓都很拥戴他，可见他在百姓心中的地位，而且孟尝君的确是个很有才华的人，想要请他来秦国做相国。孟尝君来到秦国之后，秦昭襄王设宴热情款待他，孟尝君将一件银狐皮袍当做礼物献给了秦昭襄王，秦昭襄王非常高兴，还让人将皮袍放在王宫的内库中好好保存。

当时秦国的相国樗里疾知道秦王想要拉拢孟尝君为相国时，害怕会威胁到自己的地位，于是派人在孟尝君进宫的时候，在秦昭襄王面前出言中伤他，说："田文可是齐国王室宗族的人，门客很多，势力很大。倘若重用这样的人，很难保证以后他不背叛秦国，私底下为齐国效力。到那个时候对我们来说可是一个很大的威胁啊！"

秦昭襄王被这句话点醒了，于是他想要派人把孟尝君送回齐国。接着那个人又说："孟尝君来到秦国也有些时日了，秦国的情况他大致都了解了，现在让他这么回去可不行啊！"秦昭襄王听罢觉得言之有理，于是想要派人把孟尝君先软禁起来，想要杀掉他。

面临这样的境地，孟尝君心里很着急。他找到秦国的旧友泾阳君，泾阳君告诉他说要从秦昭襄王的宠妃燕姬身上想办法。于是孟尝君立即派人带来厚礼请求燕姬帮忙，燕姬答应帮忙，但前提是送一件银狐皮袍给她，否则她绝对不会帮忙。

孟尝君左右为难，他这次来秦国，身上只带了一件银狐皮袍，但是已经献给了秦昭襄王，如今还能去哪再找来一件呢？就在他愁眉不展的时候，他的门客站出来说："这件事交给我吧！"原来这个门客善于偷东西，他听说秦昭襄王把那件银狐皮袍放在了王宫的内库，想要从秦昭襄王那里偷回来。孟尝君觉得没有其他的办法了，于是答应让门客去了。

门客等到晚上夜深人静的时候，偷偷钻进狗洞，进了王宫，然后避开守夜的人，悄悄地把孟尝君送给秦昭襄王的皮袍偷了回来。

后来孟尝君托泾阳君把这件皮袍送给燕姬，燕姬看到之后非常高兴，于是答应帮孟尝君说话。后来，秦昭襄王真的动摇了，打算放孟尝君走，把通关文书也交给了他们。

孟尝君拿到了通关文书之后，担心秦王会反悔，于是带着门客立刻赶往齐国，连夜离开咸阳。就在他们到了函谷关的时候，已是夜深人静，麻烦又出现了。秦国法律明文规定，只有公鸡打鸣的时候才能开函谷关的大门，可当时的时间距离公鸡打鸣还有好长时间。一群人再次陷入了困惑，突然几声响亮的鸡鸣声叫起，随之附近的公鸡也都叫了起来。守在函谷关的人听见鸡鸣声就晃晃悠悠地站起身来，把大门打开了，孟尝君的车立刻出了关口。

车上的随从还在为当时的那声鸡鸣感到诧异，后来才知道，原来是孟尝君的门客发出的，那个门客能够把公鸡鸣叫学得惟妙惟肖。

后来樗里疾知道孟尝君已经离开了秦国，就去恳请秦王立即派人去追，但是孟尝君早已经上路了，怎么追得上。孟尝君终于平安顺利地回国了。孟尝君这次去秦国，如同羊入虎口，险些回不来。他能够从秦国回来，也算是脱险了，但绝对不能少了孟尝君门客的功劳。虽然偷盗和学鸡叫在旁人看来都是些不入流的伎俩，但是危难当头，这样的办法能够保全生命就是好的。

从那以后，孟尝君的其他门客都不敢小看这两个门客，这也是孟尝君招纳人才的特殊之处。

原本这只是一次普普通通的出使，没想到差一点性命难保。苏代曾经劝说孟尝君，秦国不是一个讲究道义的国家，秦国干过的不干净的事情还少吗？齐湣王如今派孟尝君出使秦国，出于什么目的呢？齐湣王在舆论压力下心里也觉得很不安，于是为了平息这其中的误会，齐湣王任命孟尝君为齐相，和齐湣王一同商讨朝中政务。逃出虎口不容易，但孟尝君也因此得到了大显身手的机会。

孟尝君在秦国被羞辱还差点搭上性命，因此他和秦国结下的恩怨迟早会报。在他担任齐相期间，孟尝君蓄势待发，为报仇积蓄力量，他想要攻打秦国。当时齐国和魏、韩两国交好，于是孟尝君派人去魏、韩两国说服魏襄王和韩襄王，企图三国联合起来攻打秦国。

自宜阳之战后，秦国和韩、魏两国的关系日趋恶化。公元前306年，秦国派樗里疾和甘茂率军攻打魏国，后来甘茂成了半路逃兵。公元前303年，秦国再次攻打魏国，夺取了蒲阪、晋阳和封陵等许多城池；同一年，秦国攻打韩国，夺取了武遂。秦国大肆兴兵讨伐，韩、魏两国的天平向齐国倾斜也是可想而知的。

从当时的政治局势来看，齐国和秦国是两个实力相当的国家，分别在东西方称王称霸；魏、韩两国和齐国交好；赵国刚刚崛起就把中山当做目标；楚国因为外交政策上出现了问题，始终反反复复，加上军事上屡次受创，孤立成了个体，没有与之交好的国家，因此处在孤立无援的境地；而燕国一直很沉默，经历了亡国和复国的痛苦，不断增强自身的实力，没有精力再次受挫，因此也不愿卷入各国之间的纷争之中。

公元前 298 年，齐、魏、韩三国联合在一起，孟尝君是统帅，带领三军打进函谷关。趁着秦国攻打楚国的时机，率领三军向函谷关进攻，秦昭襄王根本没有预料到，被打得毫无防备的秦军一片混乱，秦军在这次战争中失败了。强大的秦军战无不胜，诸侯国的联合力量也不容小觑，齐、魏、韩三国的力量联合在一起是可以和秦国相抗衡的。

秦军大败后，秦昭襄王很惊讶。自商鞅变法以后，秦国的实力就在一天天增强，几乎不会受到外来的侵略。如果秦昭襄王当初把孟尝君杀了，也就不会有这场联合战争了。秦昭襄王想要割地向三国求和，于是把宰相楼缓叫过来一起商议，秦昭襄王说："齐、魏、韩三国的兵力都很强大，如今我打算割河东三城与他们谈和，你觉得如何？"

楼缓回答说："如果把河东三城割给三国，对秦国来说是一个很大的损失，但是为了避免战事，大王可以和公子池商议一下。"公子池是秦昭襄王的庶兄，是个有智慧和谋略的人。秦昭襄王召见公子池，公子池说："大王无论是割地讲和还是不割地讲和，日后都会后悔的。"

秦昭襄王问："怎么理解？"公子池回答说："如果割地讲和，三国就会撤退并离开，大王会后悔：真是可惜，三国联军马上就离开了，我居然再送他们三座城邑。如果不割地讲和，三国联军攻破函谷关，直接进军咸阳，秦国的都城不就危险了吗？大王您就会后悔：我怎么能不顾秦都的安危而不割地向三国讲和呢？"

秦王明白了公子池的意思，说："这两种情况相比之下，我一定选择更好的结果，我宁愿把三座城邑割地奉上，也不希望有一天咸阳失守而沦陷。割地求和吧！"

这个时候孟尝君率领的三军正处于粮食紧张的状态，于是派人去西周借些粮食回来。西周并非大的诸侯国，对孟尝君的举动感到十分不高兴，但想要拒绝又不知道怎么开口，于是一个叫韩庆的人决定前去游说孟尝君。他说："齐军替魏、韩两国进攻楚国，整整花了九年的时间才拿下宛城，叶城和以北的疆土，扩大了魏、韩两国的势力，如今攻打秦国，就是在扩大魏韩的势力。"

韩庆的话点醒了孟尝君，继而听取了韩庆的建议："假装要气势汹汹地进攻秦国，私下与秦国讨价。可以用武力逼迫秦国把楚王归还，并且让楚国把东部的土地割让给齐国，秦国如果想自保，就一定会把楚王叫出来，这样你也能够一举三得啊。楚怀王被归还，就一定会感谢齐国，齐国拥有了楚国东部的土地之后就会变得更加强大。秦国的强大对魏、赵、韩三国来说无疑是一种威胁，因此会更加依附齐国。"秦昭襄王派公子池来谈判，孟尝君就依照韩庆的主意，向秦国提出要求释放楚怀王，公子池已经打算割地请和了。于是公子池答应释放楚怀王，但条件是三军一定要迅速从函谷关撤兵，这场战争就这样结束了。

但三军虽然撤退，但秦昭襄王又食言了，他没有释放楚怀王，孟尝君为此很是恼火。但是他并没有轻易放弃，于是他又开始了卷土重来的计谋。

公元前296年，齐、魏、韩、赵、宋这五国联合到一起，形成了浩大的军事力量，正虎视眈眈地盯着秦国。这次和两年前与秦国的战争相比，五国联军的力量变得更加坚不可摧。

五国联军伐秦的力量势不可挡，一直攻打到盐氏。虽然秦国的军队没有被两线作战困住，但伐秦的力量已经有所增加，军事力量也迅速增强。秦国的势力再怎么强大，五国的力量也足以让他心生畏惧。秦昭襄王故技重施，再次提出割地求和。

也就是在这个时候，被囚禁的楚怀王最终郁郁而死。楚怀王死后，孟尝君的计划就落空了。他也没有心思对秦国发动攻击了，因为他煞费心机所得的成果都会是其他国家的，对自己并没有什么好处。于是他与秦昭襄王的割地求和达成协议，土地交割结束后，五国联军撤军。

局势分析

人们对孟尝君的门客有很多不同的评价。有人觉得门客们都有自己的特殊才能和本领，能够在孟尝君面临危难的时候救他一命，这也能说明孟尝君慧眼识人，同时也善于用人。在自己陷入危机的时候，就体现出网罗人才的作用了。

还有人认为这些人不过是懂得一些小把术，根本登不了大雅之堂，都是些鸡鸣狗盗之徒，做大事的人不会用这种旁门左道的伎俩，只不过碰巧能够用得上。

事实上无论是什么样的才能，只要能在关键时刻派上用场的都是才能，而并非都必须用光明正大的方法达到目的。

公元前298年到公元前296年，孟尝君发动了两次伐秦战争，但对秦国并没有实质性的打击，但这场战争是有一定意义的。秦国独大数十年，在孟尝君的攻击下第一次遭受挫败。同时还能说明齐国与秦国的实力相当，是秦国最大的威胁，在各诸侯国中也是极具影响力的，能够发动五国联合伐秦也并不是容易的事。

后世的史学家黄世三对孟尝君评论说："秦之强未有能抑者，孟尝君有此豪举，非他人所能及也。"从他的评论中能够看出，有人把孟尝君比作鸡鸣狗盗之雄，这样的评价是过于主观和片面了。

虽然齐国在东方算是强大一方，但在孟尝君之前并没有成为诸侯国的领导者，然而孟尝君不但做到了这一点，还提升了齐国的军事实力和在各国中的地位。

说点局外事

孟尝君的门客很多，虽然广纳贤士之才，但难免会有某些看不入眼的，因此他想赶走这样的人。鲁仲连对他说："猿猴如果想要离开在树上的生活，在水面漂浮游动，它们的动作一定比不上鱼鳖灵敏；如果说要经历艰难险阻攀岩危险的峭壁，再好的马也不及狐狸；曹沫拿起三尺长的利剑，整个军队都无法抵挡，但如果让曹沫将三尺长的利剑放下，让他拿着耕种的工具，让他像农夫一样在田里耕作，那他就连农夫都比不上。从这一点可以看出，一个人如果舍弃他的长处，使用他的短处，即便是尧舜也做不到啊！如果让他去做他做不到的事，就说明他不是有才能的人；教人做一些他本来做不到的事，就说明他很愚笨。因为愚笨就不再用他，因为不是有才能的人就抛弃他，让这个人拥有被抛弃的命运，不和他相处。以后他会伤害你，对你施加报复。这就是治理国家和教化百姓真正的办法吗？"孟尝君听后明白了其中的道理，连声称赞。于是没有把这个门客赶走。

第四章　齐国的落幕

　　齐国这个盛行一时的强大国家，独霸一方，他的祖先是姜尚周王室的左右手，齐国成为备受诸侯国宠爱的国家也成了理所当然的。齐国由春秋时期的霸主地位到战国时期的七雄之列，只可惜战国中期发生了重大转折，齐国为了灭掉宋国，冒着被诸侯国攻击的危险，将自己置于危险的处境。为了能够增强国家的实力，使国家富国兵强，各国纷纷实施变法，魏国的李悝变法，楚国的吴起变法，秦国的商鞅变法，变法对当时社会起到了推动的作用，也达到了政治改革的目的。在这一点上，齐国落后于其他诸侯国。从这以后，齐国渐渐衰亡，几经波折，最终成了秦国玩弄于股掌之中的一枚棋子。

推行"胡服骑射"的明君赵武灵王

　　三家分晋之后，赵无恤建立了赵国，按照现在的版图来说，山西中部、陕西东北部以及河北西南部等山地地区都是当时赵国的领土。在一段历史时期中，赵国国力十分雄厚，但后来逐渐走向衰落，它周围的林胡、楼烦以及中山国等小国都开始虎视眈眈地盯着它，打算趁机分得一块领土。

　　在战乱不断的战国，每个诸侯都想赢得战争的胜利从而最大程度上捞取对自己有益的利益。虽然在战争中想要获胜一定要在武力上下功夫，但是只凭借武力还是远远不够的，要想提高获胜的概率还要注意制定恰当的作战方法、谋略以及外交手段等。基于这一点，有很多诸侯创造出了很有杀伤力作战手段。同样，赵国的君主也别具匠心的创作出一种奇特的战斗方式——胡服骑射。

公元前 325 年，赵肃侯去世，年仅十五岁的武灵王继位，虽然年少但是在处理问题方面却丝毫没有年轻气盛的毛躁感，相反他表现得十分沉稳和老练。在顺利粉碎楚、秦、燕、齐四个诸侯国想要歼灭赵国的计划后，赵武灵王受到了国人的肯定和坚决地拥护。

时间一年年过去，在赵武灵王成长的过程中，赵国也在他的治理下逐渐复苏，国力也在不断增强。

赵国紧邻胡人部落并且双方有一部分领土处于接壤的状态，自然就少不了爆发战争。虽然武灵王手下的军队有很强的战斗力，但在与胡人交战时仍处于劣势。在屡次战败之后，武灵王开始吸取战败的教训，总结胡人获胜的原因，并有针对性的训练一支作战勇猛的骑兵队伍。

但在实际作战中，这支队伍的优势并不明显。胡人身着短衣行动十分敏捷，而赵国的士兵却因为衣服过于肥大导致行动十分迟缓，有鉴于此，武灵王产生了换汉服为胡服的想法。于是，他找来心腹楼缓商量这件事，楼缓听完武灵王的想法之后异常兴奋，说："大王果然英明，之前我一直想提这个建议，但考虑到沿袭这么多年的汉服文化因而闭口不说，幸好大王有这样的魄力。换汉服为胡服，这样一来我军致命的缺点将不复存在，我们完全有把握扭转局势战胜胡人。"

为了向国民表达自己的决心，也为了起一个带头示范作用，武灵王身体力行率先换上胡服。这件事遭到了士大夫的抵制，武灵王的叔父公子成，假装生病，不去上朝。武灵王派人说服他，希望公子成能亲自示范，起到带头作用，来推动胡服骑射的政策。但是公子成却认为武灵王抛弃了本国的华服，穿上贼人的衣服，是违背了自古以来的传统，坚决不同意穿胡服。

武灵王听说公子成这样说，就亲自前去向他请求。他说："先王曾经为国家不强盛经常遭到欺负，一直感到耻辱。如果军队没有能力抵御外人的侵略，国家迟早会灭亡。所以我要增强军队的力量、百姓的力量，保护国家。恩泽要先给百姓，政策要从我们开始啊。希望您能换上胡服，推行政策，抵御侵略，为先王报仇雪恨。"公子成听后，勉强同意穿戴胡服，起个带头作用，百姓们也更换了胡服，练习骑射。

后来，满朝官员不论文官还是武将最终都穿上了胡服，没过多久，穿胡服、练骑射就发展成为赵国的一种最流行的风气。

在武灵王的精心管理和大力发展下，赵国这支骑兵队伍的战斗力不断得到提升，士兵不仅能在马背上英勇拼杀，而且下了马之后也能奋勇杀敌。

为了检验部队的作战能力，也为了让国民看到施行"胡服骑射"的正确性，公元前306年，武灵王亲自率领骑兵攻打中山国，一口气攻占中山国众多城池。之后继续率兵北上，在打败代郡骑兵后渡过黄河，到达林胡人的领地。在这个过程中，武灵王逢战必赢，彻底颠覆了之前与游牧民族骑兵交战时落败的战况。

捷报不断传回赵国，举国上下更加坚信"胡服骑射"能带领赵国走向胜利。由此，"胡服骑射"被正式运用到之后的战争中，成为正式的作战模式。

在"胡服骑射"施行七年之后，赵国接连收复了中山国和林胡国等几个小国，领土进一步扩大。从此以后，赵国军事实力大大增强，在其他诸侯国中的威望也不断提升，就连当时实力最为强大的秦国也要对赵国礼让三分。见赵国取得了这样好的效果，各诸侯国也纷纷效仿，大力培养兵强马壮的骑兵队伍，推行"胡服骑射"的作战方式，使"胡服骑射"产生了深远的影响。

每一个朝代的史学家都在称颂"胡服骑射"是一次具有重要历史意义的军事改革。武灵王没有被传统的思想所束缚，而是打破因循守旧的陋习，主动学习胡人在军事方面的先进技术和行之有效的作战方法，努力将自己的军队打造成一支能力超强、战无不胜的胜利之师。同时值得肯定的是，武灵王在实行这一制度的过程中，即便遭到了众人的反对，但他仍旧坚持改革，可见他的魄力是一般君主所没有的，值得后辈学习。

局势分析

赵武灵王"胡服骑射"制度的推行对诸多方面都产生了积极的影响。

第一，有利于各民族间民族文化的融合

赵武灵王在民族往来上施行开明的政策，对汉族和其他少数民族，也就是农业文化和游牧文化之间的融合，起到了积极的促进作用。他北建长城，又派重兵镇守边关，为边境人民的正常生产和生活撑开一把保护伞，也加快了这些地区封建化的进程，为之后秦汉时期统一北方打下坚实基础。

第二，一定程度上冲击了中原的服饰制度

"胡服骑射"中，赵国的士兵要换汉服为胡服，这对中原地区长期以来的传统服饰制度产生了强力的冲击。胡服不但在骑射中展现出了它特有的优越性，同时在日常的生产和生活中也显示出了它的便捷性，由此胡服被广泛接受，楚、齐等国家也开始积极效仿。此后，随着胡服被不断改造，最终胡服取代了传统服饰成为新的大众服饰。

第三，对中原地区军事和交通也产生了积极影响

春秋时期之前，中原地区不论是战争中还是日常的交通工具上，用来代步的一律都是马车，马只用来拉车而不是直接由人骑乘。赵武灵王"胡服骑射"制度的推行，对中原地区的作战方式是一次重大的变革，具有划时代的重大意义，由此战争进入了骑战的新时代，骑兵开始代替步兵成为一支战斗力更为强劲的队伍。同时，马作为一种新型的交通工具被广泛应用，促进了地区间经济和文化的交流。

说点局外事

胡服骑射不仅是一种军事上的改革举措，也是一个国家在风俗传统上的创新，这种创新改变了原有的观念，打破常规，在传统的基础上创造出新的观念，所以初期施行会受到很大的阻力，百姓很难接受，朝廷内部对此也产生了很大的抵触情绪。赵文、公子成、赵造、周绍等这些贵族官僚只是一味地"循法无过，修礼无邪"这种死板的传统观念，都对施行胡服骑射表现出拒绝的态度。

其中有一个叫赵成的老臣，是赵武灵王的叔父，在胡服骑射施行的初期，他带头反对胡服骑射这种打破传统的改革。既是老臣，在朝廷之上就有一定的影响力，加上他遵循守旧观念，顽固不化，于是在家称病，不上朝。赵武灵王明白，在推行改革之际，只有让叔父这样的老臣接受才能顺利实施下去。为了说服赵成，赵武灵王亲自上门游说赵成，为此他煞费苦心，后来赵成终于接受了胡服。

接着公子成也同意了胡服的实行，其余还有一些大臣们对此有否定意见。他们对赵武灵王的做法纷纷指责说："服装就代表了风俗习惯，古代有这个道理，改变古代的说法，这就是罪过。"武灵王对他们的说法反驳说："古代和现在有不同的风俗，还有什么古代的道理？帝王不遵循世袭，还有什么道理可遵循？夏、商、周这三代都依照当时的背景制定不同的规则，情况不同，制定的礼仪也就不一样。无论是礼制还是法令都是根据不同的地区不同情况而制定的，衣服和器械只要用起来方便，就没有必要固守原来的观念。"

孙膑施计，齐援赵抗魏

魏国在赵国以南的位置，魏国实力雄厚，对赵国的发展造成了阻碍，魏国是一个很大的威胁。魏国在攻打中山国的时候向赵国借路，赵国早就心中有数，得到中山国的土地也正是它日思夜想的。赵敬侯时期，赵国曾对魏国的同盟国中山国发动了进攻，魏武侯去世之后，魏国内部争权夺位，赵国又从中加以干涉，想要借此削弱魏国的实力。由此可见，赵国对魏国的发展加以阻挠，显然是不希望魏国坐上霸主地位的。

齐威王在位时，任命邹忌为宰相，对齐国内部政治进行整顿改革，想要在诸侯国中脱颖而出。当然了，它也不服气受魏国控制，这就使得赵、齐两国奔着这个共同的利益结下了盟约。

到了公元前356年，赵成侯和齐威王、宋桓侯在平陆见面，在共同的利益面前，齐、赵两国缔结了联盟。魏因为赵国与齐国的关系十分友好而很不高兴，想找个机会教训一下赵国。就在这个时候，公元前354年，赵国向卫国起兵发动了进攻，还逼迫卫国归顺于赵，魏国正好抓住这个机会对赵国实施打击，紧接着魏国便出兵围困赵国的邯郸，并且在当年的十月份攻破了邯郸。

赵国在被困的过程中，曾向齐国发起过求救，齐威王派田忌在魏国的东部边境地区形成威胁势力，还压迫宋国和卫国联合作战，攻打魏国襄陵地区。邯郸危在旦夕之时，齐威王派田忌为将帅，孙膑为军师，率领雄兵救助赵国。

孙膑是著名的军事家，是纵横家的鼻祖鬼谷子的得意弟子，与庞涓师出同门。二人共同学习兵法，孙膑学成之后去魏国做了客卿，后来被庞涓诬陷与齐国私通，魏惠王对其处以膑刑。

当年庞涓在请孙膑出山的时候，鬼谷子就曾预料到两人会有自相残杀的一天，所以劝说二人只有各事其主才能相安无事，也劝慰孙膑要有宽大的胸襟和气度，才能够有长远的发展。

孙膑重视手足之情，对庞涓就如亲兄弟一样，没有一点防备之心，还愿意追随他。孙膑能力超群，思维细腻，对兵法更是应运自如，这也是庞涓所不能及。同是鬼谷子的弟子，庞涓却心胸狭窄，看重功名和权力，因此孙庞二人注定会有你死我活的劫难。

不出鬼谷子所料，孙膑的才能受到魏惠王的赏识，庞涓开始嫉妒孙膑的才华，为了自己的权力不被夺走，他暗地陷害孙膑，以私通罪让魏惠王对其施以膑刑。后来孙膑借齐国大夫出使魏国的机会逃回了齐国，成为田忌的手下，田忌很欣赏他的才能，没过多长时间，田忌把孙膑推荐给了齐威王。齐威王欣赏他的智慧和才能，于是重用了孙膑，任命他为军师。

齐魏两国的恩怨并非只是因为齐赵两国缔结盟约，孙庞二人的恩怨也在两国的硝烟中显得愈加悲壮。魏、齐的战争不可避免。

魏国出兵攻打赵国，齐国的大将田忌主张和魏国直接交战，孙膑献计，从齐国后面包抄，魏国自然会撤兵。田忌采用了孙膑的计策，魏惠王见形势不妙，国内兵力空虚，田忌率领齐军直奔魏国的国都，于是魏惠王立即召庞涓返回魏国保卫国都。齐国轻而易举便使魏国撤兵，从而也使赵国免于危机。

魏国在马陵之战中遭受了很大的打击，在这之前，韩国与魏国在国际交往中始终统一战线，但逢泽之会的时候，韩国只考虑自身的安危，和齐国勾结在一起，对这次盟会进行了抵制。面对韩国的背叛，魏、赵两国联合起来向韩国兴师问罪。

两兄弟的恩怨注定以一场大战定生死，这也是根据局势发展的结果，这场战争必然无法挽回。孙膑和庞涓同为鬼谷子的弟子，孙膑很清楚庞涓骄傲自大，目中无人的个性，于是孙膑之计既是救韩之策，也是与庞涓决一死战的撒手锏。

公元前 341 年，魏、赵联手对韩国采取进攻，韩国也派使者请求齐国援

救。于是齐威王又派遣田忌为大将军，让孙膑作为军师，带领军队直接向魏国大梁发起进攻，庞涓得知齐军直接攻打魏国并直取魏国的首都大梁后，立刻停止攻韩，带兵返回了魏国，但齐军已经攻入魏国。于是孙膑又想到一个计策，他对田忌说："三晋的军队一向猖狂自大，我们何不借着这个机会来个瓮中捉鳖，我们假装兵败四处逃亡，他们一定会趁势追击，我们只要在周围埋伏好，他们一攻上来我们就将他们一网打尽。"

孙膑接着对实施这一计策的方案做了详细说明："在魏齐两国军队对抗的时候，齐军假装打不过，于是给敌人营造一个兵败逃亡的势态，退兵之后，第一天让士兵们挖十万个炉灶，第二天挖五万个，第三天挖三万个，魏军会觉得齐军逃亡的过程中，人员大量减少，战斗力也几乎耗尽，他们便会对齐军穷追不舍，抓住这个取胜的机会。"

果不其然，让孙膑料到了，庞涓每天都观察齐军的逃亡状况，他见到齐国的兵力在一天天减少，高兴地说："我早就听说齐军懦弱无能，如今看来这话确实不假，才来魏国三天，兵力就减弱了一半，真是苍天助我！"于是让步兵在原地待命，率领一部分的精锐之兵去追击田忌的军队。

孙膑预计庞涓天黑之前便能够到达马陵，马陵一带道路崎岖狭窄，地形险恶，让军队在这里埋伏好，等庞涓的军队一到，就命人把树皮削掉，还在上面写下几个字："庞涓死于此树下。"

接着他命一万名擅长射箭的士兵埋伏在这里，做好一切准备。到了夜晚，庞涓果然到了这里，他发现在这棵被消去树皮的白木头上写着什么字，走近一看，这才发现中了孙膑的圈套。然而齐军在这里埋伏了很久，就为了等这一刻，齐军的箭雨密不透风，让魏军插翅难逃，魏军一时乱了阵脚，惊慌失措。这一幕最终还是来临了。

即便如此，庞涓心有不甘，于是拿起剑仰天长叹："最终还是让孙膑成了气候！"说完就在这棵树下自杀了。齐军乘胜追击，把魏军一举歼灭，还抓住了魏国的太子申，齐魏的战争终于告一段落，齐国的胜利离不开孙膑的计策，他也因这场著名的马陵之战而名扬天下。

局势分析

自从马陵之战结束后，齐、赵、秦等国家都伺机攻打魏国，形成三面夹击的局势，公元前340年，齐、宋两国联合攻打魏国的平阳，接着秦国用商鞅的计策使魏国军队有一次惨败，仅一个月之后，赵国也开始出兵攻打魏国。

公元前323年，楚国的军队也进攻北上，在襄陵地带把魏国的部队打得溃不成军。由于战事接连不断，国库空虚，国力受损，魏国被战争拖得精疲力尽。接连不断的败仗使魏国遭受了沉重的打击，还丢失了霸主之位，魏惠王不得不采纳惠施的建议，于是"折节事齐"，在朝见齐威王之后，互相称呼对方为王。

这个在历史上称作是著名的"徐州相王"的事件从一定程度上讲对周天子的地位是一种否定，随着周天子在实力上被压迫，名号也开始被削弱，地位与诸侯同等。可以说，周天子失去共主地位，意味着自春秋以来，"挟天子以令诸侯"的政权结束。

说点局外事

齐国的国君和臣子们常常用赛马一赌输赢当作游戏。田忌是臣子，马匹自然不及齐王的好，所以常常输给齐王。

有一次孙膑看了三场田忌与齐王的比赛，赛后他对田忌说："你明天再和齐王赛马，可以下大的赌注，我敢保证您能赢。"

田忌听后立刻约齐王赛马，并且下千金做赌注，到了第二天，观众达到了上千人。齐王的马个个强壮彪悍，田忌心里没底，没有必胜的把握。于是他问孙膑："先生有什么计策，如何让我取胜呢？"

孙膑回答说："齐王拥有齐国最好的马，我昨天观察过，三场比赛的马共分为三个等级，每个等级的马您的都比齐王的马稍差一些，如果按照等级赛马，三场都会是齐王赢。但是我们可以调整马匹的等级顺序：您用三等马和齐王的一等马比赛，一定会输得很彻底，但是下一场您用一等马和齐王的二等马比赛，第三场用您的二等马和齐王的三等马比赛，这样的话，您可以在三场比赛中赢得两场，三局两胜，您不就赢了吗？"

田忌顿悟，拍了拍额头说："我怎么就没想到呢？"说罢，他按照孙膑所说的，最后果然获胜，赢得了千两赌金。

商鞅变法

自魏、秦两国的河西之战，秦国在这场战役中受到了诸侯国的打击，公元前361年，秦孝公继位。国与国之间的纷争并没有结束，当时的秦国还处在比较落后的位置，秦孝公为了能够实现自己的宏图霸业，就在各国招贤纳士，选择辅佐自己的有才能的人。求贤诏令中提到："如果有能力使秦国繁荣昌盛，不仅赐土地还能获得高官厚禄。"这个时候商鞅在魏国并没能施展自己的才能，得知这个消息，就打算到秦国寻找机会。

商鞅来到了秦国，景监把商鞅介绍给了秦孝公，因此商鞅有机会见到秦孝公。为了了解秦孝公，他在前两次的会面没有谈如何使国家变得富强的方法，只谈了关于王道的看法，秦孝公听得头脑昏沉，直到第三次，商鞅觉得是该商谈大事的时候了，于是他和秦孝公说到了使国家昌盛、军事实力增强的办法，秦孝公听后对商鞅很是赞赏，也是越听越有精神，二人聊得很投机，经过一段时间的交流，商鞅终于得到了秦孝公的重用。

在商鞅得到秦孝公信任以后，商鞅才把变法思想向秦孝公表明，他说这样能够使秦国变得越来越强大。一开始秦孝公同意他的观点，但后来商鞅的变法触犯到秦国贵族的利益问题，于是对商鞅的变法政策都持反对票，秦孝公觉得大家都反对变法，于是就开始犹豫不决。他召集了朝中的大臣共同商议变法的可行性。

商鞅说："在古代，圣人想要治理国家，不会依照老规矩、旧制度来做这件事。"他话音刚落，秦国的贵族甘龙就立刻说："你说的不对，圣人推崇的一定按照民众的规矩和习俗，聪明人不会铤而走险去治理国家的。如果沿袭旧制度，而且官吏熟悉，百姓能够安定下来生活，否则的话，纷争是不可避免的了。"他想让秦孝公考虑清楚，不能轻易决定，否则国家就要遭殃了。

两派人为此一再争论，后来秦孝公听商鞅说得很有道理，最终决定变法。

他任商鞅为左庶长，开始对秦国的政策做彻底的整顿和改革。

公元前 359 年到公元前 350 年，商鞅共主持了两次变法，主要有以下几点：

一、颁布新法。法律规定凡是有功劳的人都能够得到应有的奖励，贵族没有功绩就不再授予爵位。除此之外，商鞅还在变法过程中提到变法中不允许私下争斗，为的就是限制奴隶主的权力，加强中央集权，这个制度的建立对旧贵族势力是一个强大的打击，维护了新兴地主阶级的利益。

二、鼓励耕种纺织，重农抑商。商鞅觉得农业是国富兵强最关键的一点，商鞅鼓励人们耕种，这样有利于避免高利贷和商贾对土地进行兼并。

三、规定出严格的法律条令，实行"连坐"法，轻罪定当重罚，强化法律观念，不赦免不原谅。严密的法令有利于维护封建地主的阶级利益。

四、实行郡县制。将秦国分为三十一个县，每个县都设县令和县丞管辖，县就是封建政权最基本的地方单位。这样也有利于加强封建中央集权。

五、"开阡陌封疆"，过去每一亩土地是一阡陌，每一公顷田地被称为一封疆，原先百步为一亩，拓展为 240 步为一亩，阡陌和封疆的单位大小范围重新设定，国家认可土地私有权，在法律上允许土地买卖。

六、统一度量衡。有效推动秦国的经济持续发展。

新的法律条令拟定好之后，商鞅为了能够使新法律得到大家的认可和信任，他派人在南门放了一根长木，对人们说："如果谁能把这根长木搬到北门，我就赏给他十金。"人们面面相觑，半信半疑，因此没人愿意尝试。于是他加大了赏赐力度，从十金加到了五十金。

面对如此重赏，有人站出来把木头搬到了北门，于是商鞅立刻把五十金赏赐给了这个人。这件事过后，商鞅获得了人们的信任。他还借助这个时机，把制定好的新法律公布出去。

新法律的颁布一下子受到人们的热烈拥护，旧贵族由于自身的利益受到压迫，对这套法律的实行持反对态度。于是新旧两势力相互对立，争斗也日趋激烈。

太子的两位老师公子虔、公孙贾暗地教唆太子触犯新制定的法令，商鞅看出来了，于是对秦孝公说："太子触犯法律，就是老师没有教好，所以当老师的就应当受罚。"于是命人把这两人一个割掉了鼻子，一个在脸上刺了字，从这以后，没有人再议论新制定的法律了。

在商鞅变法之后，秦国的政治局势有所改善，从一个本来很落后的国家，摇身一变成为富强的大国，让各诸侯闻风丧胆。

对于奴隶主贵族的一再反抗，商鞅采取残酷的暴力镇压。当时还有旧贵族势力的反抗，一开始，旧贵族势力派出一个代表叫赵良，让他去找商鞅谈，劝商鞅尽早让位，或者废除新法的残暴刑罚，对别人对自己都有好处。商鞅不答应，于是赵良就想办法威胁商鞅说，如果不依照旧的政治制度，使贵族的利益受到损害，变法迟早都会失败。

公元前338年，秦孝公去世，惠文王即位，商鞅失去了秦孝公这个保护伞，曾被商鞅惩罚的公子虔和公孙贾觉得最佳的时机到了，向惠文王诬告商鞅企图谋反，惠文王下令抓住商鞅。商鞅得知消息后，立刻逃到了边关地带，一路逃亡使他精疲力尽，看到路上的客栈想要休息时，知道他是商鞅，是通缉的要犯，没人敢收留他，因为一旦收留就会和商鞅一同定罪。

店主害怕因此"连坐"，对商鞅说："这是先生您制定的法律啊，没办法怪别人。"迫于无奈，商鞅只能逃到了故土魏国。但是商鞅曾设计活捉公子昂，逼迫魏国把西河之地还回去，魏国对他更是恨之入骨，因此他想要到魏国逃难，魏国绝对不会让他入境。

商鞅无路可走，只能又回到了秦国的商邑，私下里召集了一批兵马，在秦军抓捕自己的时候奋力抵抗，但敌众我寡，最终他还是被惠文王擒获。于是惠文王下令将商鞅处以"车裂之刑"，这是当时最为残暴的刑罚。就这样，战国时期著名的政治家、思想家，主持变法的商鞅被处死了。

局势分析

商鞅对"刑名止学"产生兴趣主要在于从小就受到李悝、吴起这些人的影响，于是认真研究治理国家的方法。他以前曾是魏惠王的相国公叔座的手下，很受公叔座的器重。公叔座生命垂危之际，对魏惠王说过："商鞅是一个很有才能的人，是一个能任命为相的人，但如果您不用，就要杀掉他，不能让他国所用，否则后患无穷。"魏王不以为然，没有这么做，后来秦国消灭魏国时，他才开始后悔当初没有听劝。

但商鞅后来死在了秦惠文王和公子虔的手下，事实上，这并非新旧势力下的争斗，而是地主阶级内部矛盾发展的结果。所以，商鞅被处死后，秦国的政治改革没有因此停下脚步，封建制度才能够持续向前迈进。

商鞅变法在战国时期是一次彻底性的政治改革，它鼓励耕种，重农抑商，这就促进了生产力的发展，是当时社会背景下的发展要求。同时商鞅变法也为秦国统一奠定了基础，秦始皇实施的很多政策都是沿用了"商君之法"。虽然商鞅因为变法承受了巨大的代价，遭受了车裂之刑，但他的变法在历史上具有深远的影响，他的功绩、勇气和决心永远被人们铭记。

说点局外事

孝公死后，商鞅失去了强大的靠山，知道自己好景不长，不敢在京城久留，于是立即回到了自己的封地。当他知道有人污蔑他谋反这个消息时，他预料迟早会因此引来杀身之祸，便立刻从家中逃走，想要去其他国家躲避灾祸。

商鞅路上只想着赶快离开秦国，步伐匆匆，到了关下，被守关的侍卫拦住，声称："商君有法令，到了黄昏之后，如果不是公事不能出城。"商鞅才意识到自己一定要先找一家旅店住下来，当他走进旅店，老板对他说："既然来了就是我们的客人，我们非常欢迎，但想请问您是谁，如果弄不清身份，我们会被砍头的。这是商君制定的法令，我们可不敢违背啊！"

商鞅不能承认自己的真实身份，于是从旅店走出来，边走边叹息说："如今我落到这个境地，都是我作法自毙啊！"作法自毙这个成语就是从这个故事而来的。

田单的"火牛阵"助齐起死回生

公元前 284 年，群雄争霸，燕国将军乐毅统率燕、赵、韩、魏、秦五国联军大举进攻齐国。齐国不敌，很快就丧失了七十余座城池，只剩下了莒城和即墨两座城池未被攻陷。齐湣王深感大军来势凶猛，政权岌岌可危，于是，放弃齐国都城临淄逃到了莒城集中兵力死守。当时的田单还是临淄一位名不见经传的小官吏。燕军势如破竹，长驱直入，连连攻城拔郡。

大军入侵，很多官员和百姓逃往即墨，途中，根据形势，田单很巧妙地将当时车轴两边突出的部位锯掉，并包上了铁皮，加固车身。因此，他坐的车行动灵活，很顺利地到达了即墨。而当时的许多官员，都因为所坐的车车轴太长，逃难过程中互相挂碰，途中不免车翻人亡，有的还因为行动缓慢而被燕军俘虏，当作了人质。从这件事就能够看出田单还是有些聪明才智的。就在这关键的时刻，即墨的守将却突发疾病而亡，一时之间，城中因为没有了领兵御敌的主将而人心惶惶。于是，大家都推举田单继任将军，共同抗敌。国难当前，匹夫有责，田单欣然受命，担负起了领导即墨军民抗燕的大任。

田单上任即墨守将后，并没有盲目的出战。他清楚地看到，当前两军的实力相差甚远，在这种敌强我弱的形势下，如果要从根本上扭转战局，就必须想办法改变两军的力量对比。要么使齐军战斗力由弱变强，要么燕军由强变弱。为此，他采取了一系列措施。首先，他不断调整防御部署，采取各种策略激发军民的斗志，动用一切可以动用的力量。他以身作则，将自己的妻妾整编到了守城队伍中，用以增强防御力量，又拿出了个人家财来犒赏军士，激发斗志。

田单由此在军中树立了威信，团结了民心，为以后坚守即墨创造了有利的条件。

燕将乐毅有勇有谋，熟悉韬略，是一位骁勇善战的谋将。而齐军想要守住即墨，打败燕军，就必须先将乐毅除掉。当田单听说新继位的燕惠王不信任乐毅时，就想利用反间计来除掉乐毅。燕惠王轻信了这些谣言，派心腹大将骑劫代替了乐毅的将军之位。少了乐毅，燕军实力大为减弱，军心涣散，而乐毅的离开也使田单对战争的胜利有了更大的信心。

这个新上任的骑劫是个狂傲自大、有勇无谋的粗人。他上任后，二话不说便加紧了对即墨的攻击力度。抓住了骑劫的弱点，田单就派人到处宣传说，我们最怕燕军把俘虏我们士兵的鼻子割掉，再派他们来和我们作战了，那样的话，即墨城就失陷了。骑劫听后，果然派人照做了。

城内的人看到燕军这样残忍地对待自己的同胞，都很愤怒，决心誓死守城，唯恐被当作燕军的俘虏。田单又派人扬言：燕军要是刨我们的祖坟，戮先人的尸骨，我们就该弃城了，天下再没有比这更令人寒心的了。骑劫又上了当，真的派人刨祖坟、烧尸骨了。即墨人从城上看见了，每个人痛哭流涕，十分悲愤，憋着一肚子气想出战杀敌。

就这样，田单成功地利用骑劫扩大了燕齐之间的矛盾，大大增加了齐人对燕军的愤恨，从而更坚定了城中齐人仇恨燕、抗燕的决心。眼看时机已到，田单亲自操持版筑、锹锨，一起加紧修造营垒，并且命令全部甲士埋伏起来，仅仅派老弱妇孺登城守卫，迷惑敌人，同时派遣使者向燕军请降。燕军听说齐国要投降，立马欢呼万岁。田单又想方设法搜集了2万多两黄金，送给燕国将领说："即墨不久就要投降了，但是希望将军您能够不掠虏我们族人的妻妾，让我们过个平稳日子。"骑劫非常高兴地答应了，燕军从此放松了对田单的戒备。

田单觉得反击的时机到了，就开始积极备战。他在城内挑选了一千多头牛，做了全部的武装。他们在牛身上披上红色绸衣，画上五彩龙纹，在牛角捆上刀剑，牛尾绑上浸透了油的芦苇。夜间，敌军松懈的时候，点燃牛尾上的芦苇。牛一受惊，就从城洞狂奔向燕军。牛尾火炬将夜晚照得透亮，五千多名士兵紧跟其后冲击，留守的人们敲打铜器呐喊助威，声势浩大。燕军看到这种情况早就不知所措了，连连后退。

田单乘势追击，敌占区齐民也群起响应，所到之处势如破竹，很快就收复了之前失陷的七十多座城池。田单的"火牛阵"，是中国军事史上高度发挥主观能动性、以弱胜强的经典战例，堪称战史奇观。

田单复国有功，被齐襄王封为相国，并把安平城赐给了他，所以田单也被称为安平君。然而田单的高升却引起了贵族大夫们的不满和嫉妒，他们总想找个机会教训一下田单。田单虽然身居要位，但是仍然能够体恤百姓，为百姓做实事，深得人民的爱戴和尊敬。他看到，刚刚经历战争的百姓生活举步维艰。可是那些贵族大夫们却丝毫不管百姓死活，为了自己安乐，仍旧强征暴敛，搜刮民财。田单非常生气，便向齐襄王上报了这一情况，并晓以利害关系，齐襄王便下令约束了士大夫们的行为，这下更加惹恼了那些贵族大夫，他们暗自勾结，千方百计地污蔑、陷害田单。但田单认为自己问心无愧，就对这些污蔑和谣言没有理会，也没有在齐襄王面前辩解。时间久了，齐襄王坏话听多了，而田单又没有任何解释，于是他越来越怀疑田单。

有一年下雪的冬天，田单路过淄水，见到一个老人蹚河而过，出了水面已经嘴唇发紫，支撑不住了。田单便解下自己的皮袍给老人披上，迅速将老人抱入怀中，用自己的体温为老人取暖，并让车夫快马加鞭奔往安平城。田单回到家时，老人脸上已经现出淡淡的红晕，渐渐地缓了过来。田单忙令家人悉心照顾老人，直到老人康复。

田单雪地解衣救人的事，很快传遍了齐国，人们更加尊敬这位国相了。这消息自然也传到了那些贵族大夫的耳朵里，他们决定利用此事参田单一本。一合计，他们便跑到齐王宫里，对齐襄王说田单救人其实是为了收买人心，谋权篡位。

原本齐襄王就因为之前的事对田单起了怀疑，禁不住这些士大夫们的炮轰，就相信田单别有居心了。贵族大夫们见目的已达到，齐襄王已经动摇，心中暗自高兴，便辞别齐襄王，各自回府，等待处死田单的好消息了。

贵族大夫们走后，齐襄王生怕走漏风声，警惕地四望，却看见一位宦官脸色诧异地站在窗外。齐襄王有些不放心，便把这位宦官叫到近前责问他。宦官也有些害怕，承认了自己刚才的确听到大夫们的话。但他请求齐襄王能够听他一言，齐襄王应允。

于是，宦官就对齐襄王动情地说："相国身居高位，却从来不依仗权势徇私，他体恤民间疾苦，战争刚刚结束，百姓生活很是艰难。而那些士大夫们只顾自己享乐，完全不管百姓死活，千方百计地搜刮民脂民膏，怨声四起。如果敌人此时入侵，后果简直不堪设想。相国见此，不仅把自己的家财拿出来救济百姓，跟平民一样过着节俭的生活，而且倾尽自己的全力安抚前来逃难的平民，将青壮年编入军队，积极训练，预防外敌入侵。他这样做，完全是为了国家着想啊。主公，您仔细想想，如果相国想要当王，还要等到现在吗？当初退敌复国，先王已殁，而您又不在临淄，当时众人一致要推举他为国君，只要他点头，齐国不就是他的了，可是他还是说服了众人，把主公从莒城迎回来当国君。从这点上看，相国会有篡位之心吗？"齐襄王听到这里，才茅塞顿开，感叹自己差点就听信谗言、陷害忠良了。

后来，齐襄王就以诬陷罪惩罚了那些进献谗言的贵族大夫，封赏了田单，并把全国的兵权全部交给了田单。此后，田单更加倾尽自己所能辅佐齐襄王，齐国日渐强盛。

田单跟襄王的矛盾有所缓和后，田单准备攻打狄族，名士鲁仲连就说："将军您现在去攻狄，恐怕是攻不下来的。"田单不以为然，说："当年我以即墨的残兵败将能够击破兵强马壮的燕军，光复齐国沦亡土地，现在又怎么会攻不下狄族呢？"。

于是，田单率军进攻狄族，可是三个月也没能攻下来，田单开始害怕了，忙向鲁仲连请教自己久攻不下的原因。鲁仲连说："将军在即墨的时候，能够与将士们同生死共患难，全军将士无不抱着必死的信念跟着您奋战，所以才能打败燕军。现在将军您生活优越，已无战死之心，所以无法取胜啊！"田单听了犹如当头棒喝。第二天，他振奋精神，亲自督战，站在箭雨之中，与将士共进退，狄才被攻下。

田单破燕复齐后十四年，齐襄王去世，齐王建继位，但是实权却落到了其母君王后的手中。于是，田单不顾赵奢的反对，离开齐国去赵国，并统率赵军攻克燕及韩的城邑。田单从收复失地迎接齐襄王回临淄，到他离开齐国去往赵国的十四年间，先是与襄王发生矛盾，接着是优裕的生活磨灭了他的政治意志，看不到他任何振兴齐国的政治措施，而他最后在各国间也未发挥什么重要的作用。

《战国策·赵二》说："田单将齐之良，以兵横行于中十四年，终身不敢设兵以攻秦折韩也，而驰于封内"。齐国虽然最后复国，但是战争带来的损耗却始终没有得到恢复，而燕齐之间的战争也整体上削弱了整个东方国家对抗秦国的力量，为最后秦统一全国埋下了伏笔。

以辩立功的鲁仲连

鲁仲连，也叫作鲁连、鲁连子和鲁仲连子，战国末期齐国人。他一生淡泊名利，虽然才华很高，却不愿意入仕阿谀奉承君王，一心只想归隐山林。

在齐国，有一个叫田巴的辩士，自以为才高八斗，巧舌如簧，认为谁也说不过他。当时的鲁仲连只有十二岁，实在是看不下去了，就打算与田巴辩论一番，鲁仲连对他说道："既然先生的辩术这么厉害，那么，现如今楚国在南阳驻军，蓄势待发，赵国率兵攻打高唐，而燕军的十万大军将聊城团团围住。齐国现在都已经危在旦夕了，你有什么好的计谋让齐国摆脱危机呢？你要是实在想不出办法，就不要在这里滔滔不绝地讲一些废话，要是你离开稷下学宫（战国时期高等学府），就会惹得人人都讨厌你的，所以请先生还是不要再说了。"鲁仲连说得比较委婉，但是田巴却感觉无地自容，有一些下不来台了，他说："你说的蛮有道理，以后我不会自以为是地再说了！"鲁仲连的几句话就让这位有名的辩士从此以后都闭上了嘴巴，可见他少年时就展露出了过人的才学和智慧。

鲁仲连在游历到赵国时听说了新垣衍劝说赵王尊秦让其恢复帝号的事情，就自告奋勇地找到了平原君，问道："我在外面听说新垣衍要赵王尊秦并同意其恢复帝号？您对这件事有什么想法吗？"平原君无可奈何地叹息道："现在的形势下，我怎么敢不同意啊，在长平之战中，我们损失了四十万的士兵，那可不是一个小数目啊！现如今秦军又围攻邯郸，大军压境，我们也是没有办法啊！"他对鲁仲连说这些话的意思很明显，俨然就是打算按照新垣衍的意思办了。

鲁仲连听完平原君的话，不禁有些鄙夷，他说："我原本以为您是一个贤人，可是现在我才发现你也没有什么与众不同的地方，让我去找新垣衍。"于是平原君就把他带到了新垣衍的居所，鲁仲连见到他后，却站在那里一句话也不说。新垣衍看见他这样，不禁觉得有些奇怪：你不是来找我的吗？怎么见了我却一句话也不说呢？于是，他就先开口说道："来到这里的人，几乎都是对平原君有事相求的，但依我看，先生您却不像是这样的人，既然如此，您为什么不赶快离开这个是非之地呢？"

鲁仲连这才开口回答道："其实不瞒你说，我这一趟来邯郸，并不是有求于平原君，而是希望能够帮助赵国去攻打秦国。"新垣衍听了很不以为意，这个鲁仲连，想以个人的力量来帮助赵国攻打秦国，不是异想天开么！不过他虽然这样想，表面上却不露声色，什么都没说，而是平静地问道："既然如此，那你打算通过什么样的方法来帮助赵国呢？"

鲁仲连郑重其事地对新垣衍说道："以我的意思，我会让燕国和魏国出兵相救，那么紧接着齐国和楚国自然也会出兵相救。"新垣衍听了就更丈二和尚摸不着头脑了，疑惑地说道："就依先生所言，先生能够说服燕国出兵救赵，可我是魏人，先生又打算如何来说动魏国呢？"鲁仲连自信满满地对新垣衍说道："这也只是因为魏国并没有清醒地看到秦国称帝会带来的危害，所以才拒绝出兵相救，如果能够使魏国认识到秦称帝的危害，那么魏国必然会出兵相救。"

新垣衍听得更加糊涂了，满脸疑惑：这秦国称帝能够造成什么样的危害啊？鲁仲连看出了他的疑惑，就进一步地解释道："当初的齐威王广施仁义，率领天下诸侯去周国朝奉周室，可是最后也只有他一人去了，到了后来周王驾崩，天下诸侯纷纷前往吊唁，唯独齐威王一人去晚了。周太子大发雷霆，扬言要杀了齐威王，齐威王当时也非常震怒，大骂周室。后来，人们都知道了齐国去朝见周室，并不是出于自己的真心，齐威王在周王活着的时候去朝见，而在周王死后就破口大骂，现在的天子也不过如此。一个称号对于他来说就有那么重要吗？"

鲁仲连点到为止，停止了说话。新垣衍的反应也很快，将之前的事都联系起来仔细想了一下，就明白了原来这小子是想要他们出兵帮助赵国攻秦，秦国的目的也根本就不是为了一个帝号而来的，他就说道："先生您难道没有见过主仆在一起行走的场面吗？数十个人跟在一人的后面，是因为他们打不过主人，还是因为智慧比不上他？他们这样做从根本上来说恐怕是因为畏惧主人的缘故吧。"

鲁仲连听着不禁有些生气，与这家伙说正事呢，竟然跟我打起比喻来了，于是也就不跟新垣衍打哑谜了，怒斥道："难道魏国就自比秦国的奴仆，甘心做秦国的奴隶吗？"新垣衍听了不以为然，点头称是。鲁仲连一看这状况，怒火冲天，大声喝道："那我就说服秦王，让秦王把魏王剁成肉酱，然后再煮了吃掉！"

新垣衍听鲁仲连这样说也不高兴了，不过他还是努力让自己克制住了，回答他道："你怎么这么说话，你这样说话也太过分了，那你就说说你用什么方法能够让秦王杀了魏王？"鲁仲连听他向自己询问，态度也渐渐缓和了下来，就给他说了很多历史事件，大意就是那些趋炎附势，讨好昏庸帝王的人大都不会有一个好的下场。鲁仲连晓之以理，动之以情，又向新垣衍分析了当今天下形势，说了目前秦国和魏国的关系，如果帮助秦国称帝，只会让魏国陷入更加危险的境地。

新垣衍听完鲁仲连的分析后对鲁仲连佩服得五体投地，说道："刚开始见到先生，我还以为先生是个平凡之人，哪知先生是为了天下，我现在就立马回国劝说魏王，不再提起尊秦称帝的事情。"差不多也就在这个时候，魏国信陵君就杀了晋鄙，带兵来到了邯郸城下击破秦兵，保住赵国。

平原君见鲁仲连是个人才，就想将他收入自己的帐下，辅佐自己，谁承想鲁仲连想都没想就一口拒绝了，他向来淡泊名利，不愿入仕，甚至连平原君给他的黄金也分文没收。

鲁仲连的辩才可谓是相当的厉害，凭借自己的几句话就让魏国改变想法，不再尊秦为帝，但是他更厉害的是，他的一封书信就能让人自杀！

齐国曾经和燕国发生过一起战争，结果燕国大胜。齐国被燕国打得只剩下了莒和即墨两个城池。田单虽然倾尽自己的全力帮助齐国复国，扩大实力，但是当中不免受到重重的阻力。

在田单复国前，鲁仲连曾经帮助田单反攻燕国的进军。鲁仲连当时给燕国的守将写了一封劝降信，他在信中这样写道："我曾经听说过，明智的人不会违背时机而放弃有利的行动，勇士不会回避死亡而埋没名声，忠臣不会先顾及自己而后顾及国君。现在你因为自己的一时之念，就不顾之后的燕国还有没有良臣，这是不忠；灭掉聊城后，却没有令齐国感到惧怕，这不是勇；功名败灭，后世根本就不会有人知道，这是不智。"

而后他在信中又写道："现在你率领的燕军处境简直可以说是'腹背受敌'了，燕国那边连自己都顾不上了，当然不可能再派救兵来协助你们，眼下的情况，只有投降才是你们能够生存下去的唯一途径！也许齐国人会大发慈悲地给你们留一条生路，否则你们坚持下去就只有死路一条了！"

燕将看过这封信后，开始犹豫不决，他想要重新返回到燕国，可是却怕这样会被燕王和国民痛恨，说不定还会把自己当成逃兵而处死。如果按照信中所说投降齐国，自己曾经杀了无数的齐人，齐人怎么能放过自己，想必也是活不下去。思前想后，没有出路，最后他只能悲痛地长叹一声，"与其死在别人刀下，还不如我自杀！"说完便挥剑自杀了。

这样一来，燕将一死，城内燕军群龙无首，军心涣散，乱作一团，齐军趁着这个机会杀了进去，夺回了聊城。鲁仲连写的这封信，利害分明，言辞犀利，这根本就不是一封劝降信，倒更像是传说中的催命符了。

此后，赵国、齐国等诸侯国纷纷想拜鲁仲连为相国，并对其封官嘉赏，但鲁仲连还是一一推辞，后来他隐于东海，过着闲云野鹤般的生活。

局势分析

虽然鲁仲连是战国时期杰出的辩士，但他的一生却从没有涉足官场。虽然他的言行举止看起来像是在追求功名利禄，但是高官厚禄却从没有让他动摇过。他传奇的一生既向后人提供了如何建功立业的经验，也给人留下了不为功名利禄所引诱的高贵品格。

作为一代辩才，鲁仲连身上有很多地方值得后人学习。

从人品方面来说，鲁仲连淡泊名利、一心为国效力、为百姓争取利益；从思想方面来说，鲁仲连是稷下学宫的优秀代表，他融合了各家的优点将自己打造成多元化的综合体，他深受众多著名辩士的影响，但不被"因辩而辩"的理论所影响，能做到理论与实际相结合，他在同意儒家"仁政"和"以民为本"思想的同时也支持墨家"兼爱"与"非攻"的政治思想，但是又比他们更为大气和积极。

说点局外事

平原君想要对鲁仲连封赏，鲁仲连一再推辞不愿接受，于是平原君就摆酒宴款待他，正当他喝得酩酊大醉之时，将千金的酬谢奉上，鲁仲连笑着说道："之所以有志之士能够被天下人尊崇和拥戴，是因为他们能够为人们除去

祸害，排除万难，解决纷扰而不收取任何报酬。如果说收取报酬，那就真的成了生意人的等价交换了，我鲁仲连不是那样的人，也不忍心那么做。"说完就和平原君告别离开了，一辈子都不再相见。

名相李悝变法

李悝是战国时期魏国人，是法家的代表人物之一。在他的变法下，魏国逐渐走上了强国的行列。

在战国时期，封建经济在社会生活中的地位尤为重要，经济基础与上层建筑二者存在必然的联系，相互制约，相互影响。新的封建政权遭到了奴隶主和贵族势力的反抗，封建国家的经济基础必须要实施强有力的措施来巩固和发展。为了能够打击奴隶主的势力以防奴隶主势力的卷土重来，加强新兴地主阶级的统治地位，各国纷纷掀起了变法浪潮。

魏国之所以实施变法是因为魏国的政治始终沿用的是晋国的制度，晋国的覆灭可以反映出它的制度并不完善，还存在着许多漏洞。如果不在政治上加以整顿改革，魏国很可能会重蹈晋国的覆辙。

公元前403年，韩、赵、魏三国将晋国瓜分，成为独立的国家，周天子被三国的国君施加压力，一再降低底线，最后将三君封侯，周天子的权力和地位消失。魏国从晋国独立出来，在刚刚立国的那段时期政治处于紧张的局势。东临齐国，西临秦国，南北是楚国和赵国，魏国被夹在中间，地理上处于不利地位。

那个时候在魏国，李悝并不处于重要地位。李悝曾经也是一名英勇的将领，他带兵攻打秦国，魏文侯很欣赏他的才能。其一是因为他的老师是朝中重要的大臣，其二是因为他提出的变法思想，有利于改善魏国在政治上的弊端。经过了多年的磨炼，李悝在魏国的地位也逐渐提升，成了朝中重臣，他的变法思想也能够从此彻底展开。

在晋国的政治制度中，采取的是卿大夫世代世袭的制度，家族轮流掌握政权，君主的权力形同虚设，魏文侯的"世袭制度"就是在走晋国的老路，他很清楚这种制度的局限性，君主的大权很容易旁落他人。魏文侯是新上任的君主，他深谋远虑，更不想因为政治制度而把魏国送上灭亡之路。他想要限制世卿之间的权力，扩大自己的政治权力。

变法前的魏国最紧要的就是外部的局势，各诸侯之间争斗激烈，尤其是外部军事力量的压力与日俱增。从经济上来看，魏国在晋国中相对落后，富裕的程度不及韩国，要比军事实力，魏国不敌赵国。作为魏国的建立者魏文侯，为了能够加强魏国的综合实力，任用李悝为魏相，实行变法大力改革内政，增强魏国的军事实力。

李悝在变法中提到了三个要点。第一个要点就是要废除世代世袭的制度，打破官吏之间靠裙带关系提拔官职，而是更看重个人的能力以及对国家的功绩。这就标志着奴隶主贵族势力就此被削弱，百姓也能够获得加官晋爵的机会，只要有勇气与智慧，有能力和胆识，就有可能得到大显身手的机会。这也是战国不同于春秋时期的地方，削弱贵族的权力，给平民机会，封建严重的阶级性被逐渐打破，在政治舞台上，有才之士都有机会脱颖而出。

他变法的第二个要点就是推行"尽地力""平籴法"，他所说的近地力就是要将农民的耕地统一分配，并督促农民勤劳耕种，提高生产率。平籴法就是说丰收时节，国家平价收买粮食囤积，如果发生饥荒，就以收购的价格卖给农民，收购多余的资源以备不时之需，以防因为粮食太过昂贵而使百姓吃不起粮食，或者由于粮食太便宜不能卖个好价钱养家糊口，使农民无力耕种。

李悝觉得农产品生产量的多少和付出的劳动成果成正比，所以勤劳耕种的人就能获得更多的收获，田地荒芜的就收获少。这个经济政策的实行，对魏国农业生产和发展发挥了巨大的作用，魏国也因此变得更加富裕强大。所以经济政策要从鼓励农民耕种的方向出发，要赏罚分明，有才能的人才能被任用，这是战国时期盛行的法家思想，当时也有许多国家为走上富国安民的道路力图变法。

李悝变法的第三个要点是要重新制定一套完善的法律体系。为了能够巩固变法的成果，李悝综合各个国家的刑罚典籍，并编著成魏国完善的法律《法经》。这本书内容全面，政府各部门的职能、国家的法令、功过奖罚等都有详细的规定。此外，这本书还分为《贼法》《囚法》《盗法》《捕法》《具律》和《杂律》，这本法律文献在历史上也占有极其重要的地位。

局势分析

李悝揭开了变法的序幕，是最早实行变法的人，对历史产生了深远影响。李悝变法对当时其他国家也产生了一定的影响，继而有秦国的商鞅变法，楚国的吴起变法。一阵阵变法浪潮遍布全国，这标志着奴隶制向封建制度的转变。

说点局外事

魏文侯对李悝说："先生曾经对我说：'家里贫困就想要得到一个贤淑的妻子，国家动荡就想得到一位贤明之相'，现如今如果任用宰相，在魏成子与翟璜之间做选择，这两个人您觉得怎么样？"

李悝回答说："我只听说，地位卑贱的人不为尊贵的人出谋划策，关系疏远的人也不替亲近的人出谋划策。我的本职在官门之外，不敢在这种事情上说过多的话。"魏文侯说："先生，对于这件事您就别推辞了。"李悝说："这是因为您平时没有详细考察过。平时注意他和什么人亲近，富有的时候看他和什么样的人结交，显赫尊贵的时候看他都推举什么样的人，不得志的时候看看他不做的事是什么，在贫穷的时候看他不要哪些东西，只要能从这五条出发就能够决定谁最适合当宰相了，还需要我李悝做什么呢！"

魏文侯想了想说："先生您回去吧，我决定好宰相之位了。"于是李悝立刻离开了，去拜访翟璜。翟璜知道方才君主召见李悝，是选宰相的事，便急忙问："君主今日召见先生，可曾说想要选谁为宰相吗？"李悝回答说："宰相的人选是魏成子。"翟璜听后很不服气，他说："凭借所听所见，我哪里比不上魏成子？西河之战的守城大将吴起是我举荐的，君主担忧邺郡，我推荐了西门豹，中山国之战我推荐了乐羊，消灭了中山，派人镇守我推荐了先生您，君主的儿子没有师傅，我向君主推荐了屈侯鲋。我哪里比不上魏成子！"

李悝回答说："您推荐我的原因是想要结党营私吗？您和魏成子怎么比？魏成子有上千钟的供奉利禄，有十分之九都用在外面了，只有十分之一是用在家里的，他青睐的卜子夏、段干木和田子方，君主称他们为老师，而您推荐的

五个人都是任命为臣子，您和魏成子怎么比呢?"翟璜顿悟，恭敬地向李悝拜了两拜说:"我是个肤浅的人，说话不恰当，我想终身都做您的弟子。"

兵家吴起之死

吴起是战国时期卫国人，是著名的军事家、政治家和兵家的代表人物。

吴起最初担任鲁国的将领，后来又担任了魏国将领，由于英勇威猛，功勋卓著，得到魏文侯的赏识，被任命为西河守。后来魏文侯去世，吴起遭奸人陷害，于是他逃到了楚国，担任宛守。没过多久，他又担任令尹，协助楚悼王实行变法，整顿政治之风，裁减多余没用的人，逼迫旧的贵族势力去边缘地带开垦荒林，明确法令，加强将士们的质量。在他的变发下，楚国逐渐走向富强，曾以南收服杨越，以北胜于卫国，还成功占领了苍梧。后来因为楚悼王去世，吴起就被旧贵族陷害，最终被杀，变法也没能成功实施。

吴起很小的时候就很聪明，他爱读书，家里人都很喜欢他，他的父母都很疼爱他。他的父亲去世早，当时吴起还小，母亲一人教育他，让他每天学习，并且不断练习武艺。吴起的母亲宅心仁厚，是出身于书香门第的贵族，她对吴起的成长发挥了重要的作用。

吴起自年幼时起就有远大的抱负，尤其对军事感兴趣，他每天习武，希望有一天能够成为一位英勇强大的将军为国效力。为了能够实现自己的理想，他花费了很多钱财，离开了自己的故土，踏上游历的道路。他希望自己的才能能够得到诸侯的赏识，自己的才能也可以得到发挥。

但他试了很多次，结果都失败了，他的家也开始渐渐衰败，他时常会受到家乡人的嘲笑，被说成是没用的人。吴起脾气很差，他一气之下将三十多个嘲笑他的人都杀死了，之后他逃离了卫国。和母亲告别之后，他将自己手臂上的肉咬下来一大块，对母亲发誓说:"如果我不能成为卿相这样的大官，我以后就再也不回卫国了。"

于是，他逃到鲁国，做了曾子的门下，他拜曾子为老师，向曾子学习儒学之术。这个时候的鲁国"三桓"势力持续减弱，公仪休和孔权等儒家学者实行改革，鲁国作为一个小国，只能艰难维持。过了一年，吴起的母亲去世，

吴起得知消息后并没有回家奔丧，而是第二天依然来上课，曾子对吴起的做法感到很吃惊，于是问吴起，他的回答更让曾子觉得难以置信，吴起一脸不在乎的表情，他说："我母亲已经死了，回去又能怎么样，什么也改变不了，还不如在这里多学一些知识呢。"一般来说，他的母亲去世，他身为儿子应该立刻回去为母亲守孝。吴起觉得只有学有所成才能对得起母亲，所以他没有回去。可见吴起是一个守信用的人。

虽然吴起的这种精神值得赞扬，但是曾子是他的老师，是儒家的大成者，他觉得自己的徒弟没有孝心，觉得很丢面子，于是把吴起赶走了。吴起走后去学习兵法，儒学和兵家是完全对立的，一个提倡仁，一个提倡武，二者正相反。从这件事上可以看出吴起是一个思维敏捷、头脑灵活的人，这也是他聪明的选择。

儒学思想的学习，对吴起后来的政治生涯产生了一定影响，吴起认为儒家的学说对于当时的局势来说很难适用其中，因此他转而学习兵法，他全身心投入兵家之中，成了一位名将。

自从吴起离开了曾子，就一直苦读兵书，加上他卓越的军事才能，使他能在鲁国国君身边辅佐。但在当时那个时代，社会动荡不安，国家弱小就是受到邻国强国的欺负，公元前412年，齐宣公派项子牛攻打鲁国的安阳，当时的形势寡不敌众，人心惶惶，鲁穆公想要找到一位能统领军队、奋勇杀敌的大将并不容易。由于吴起治兵很有一套，于是有人把吴起推荐给鲁穆公，就在这个时候，有人提到吴起的妻子是个齐国人，说吴起也不过是摆摆样子，实际上是为齐国搜索机密，迟早有一天会成为鲁国的祸根，借这个理由反对吴起任命统帅。

这么多年，吴起苦读兵书都是为了能够建功立业，如今眼看就要成功了，他心有不甘，也不想因为齐国的女人而失去这个机会。吴起听说了这件事，认真考虑之后他还是决定杀掉妻子，争得功名。他杀掉了妻子，还把人头提到鲁穆公面前一表忠心，鲁穆公见到之后万分感动，立刻任吴起为将军，让他带领军队攻打齐国。

虽然是第一次率领军队，但吴起的能力并不比老将差，他把学习多年的军事知识灵活运用到作战上，既然寡不敌众，那就以智取胜。他看到齐国有着强大的军事力量，而鲁国却不能与之相比。于是他选择采用迂回战术，不与敌人正面交锋。

他故意装作对齐国的实力很畏惧的样子，一边派人暗地和齐国求和，一边想着如何排兵布阵。他将年长的士兵放在了阵势的中间，这样不仅能迷惑敌军使他们轻视敌人，而且还能拖住齐军的精良队伍。他把鲁国的精良兵种分布在军事阵容的两侧，这样能够使冲入鲁军的敌军不能灵活运转。当齐国的军队放松戒备的时候，吴起的军队就能够从齐军两侧发起猛攻，能够成功有效地把齐军的势力消灭。

齐国的军队越是前面的力量越强大，后面的都是薄弱力量，吴起抓住了这一点，他趁机把齐军前面的力量包围，歼灭之后再攻打后面的薄弱力量。结果出人意料，鲁军战胜了强大的齐军。

大战就此结束，因为这场战争的胜利，吴起为鲁国立下了战功，同时也成了鲁国上下人人敬仰拥护的大英雄，但是妒忌他的人也暗自加紧了脚步。正当鲁穆公打算重用吴起之时，谗言一个接一个地进来，对吴起为求功名而杀妻的事大肆渲染。吴起被他们说成是极具野心、凶恶残暴的卑鄙小人。

还有人对鲁穆公说，由于吴起打仗太过凶猛，可能会对鲁国不利，虽然能够有效抗击敌人，但更容易树敌。鲁国是小国，偶尔任用吴起抗敌还好，但如果始终用吴起抗敌恐怕总有一天会让强大的国家来讨伐，到时候对于鲁国就是灭顶之灾，而鲁穆公您恐怕也难保性命。

鲁穆公对这些话认真了，心里开始慌乱，怕因为任用吴起而使鲁国面临灾难，后来就随便为吴起安上个罪名，撤掉了吴起的官职，把他驱逐出去了。

在鲁国的境遇并没有让吴起难过，他知道鲁国只是一个小国，在这里不得志没关系，没有施展自己才能的地方就离开吧！于是他踏上了新的征程。

吴起听闻魏文侯是个贤明的国君，于是想要投奔他。魏文侯问李悝："吴起为人怎么样？"李悝回答说："这个人贪图名利且好色，但是要说用兵，就连司马穰苴也比不过他。"就这样，魏文侯将他任命为将军，让他率领军队攻打强大的秦国，吴起奋勇杀敌，凭借过人的军事才能攻下了五座城池。

魏文侯因为吴起有自己的一套用兵之道，且公平廉正，士兵们都很拥戴他，于是任命吴起为西河守，派他抵抗秦国和韩国。

　　吴起任职后，对魏军的将士深入了解了一下，他认为魏军有着强大的战斗力，将领也很英勇，唯一缺少的就是一个出色的统帅。魏军准备就绪，一心等待吴起的指挥，吴起很激动，自从吴起来到魏国，从未指挥过战役，如今魏军的主力武卒都给吴起指挥，吴起十分感动，下决心一定要为魏国效力，报答魏文侯的恩德。

　　公元前413年，吴起渡河去攻打秦国，最终攻占了西河，魏文侯任命他为西河守，吴起仅用了五万魏军，攻打超过自己十倍兵力的秦国，以少胜多获得了胜利。这场战役为魏国的霸主地位奠定了基础。

　　由于吴起深受魏文侯赏识，功名远扬。公元前396年，魏文侯去世之后，魏武侯继位，曾赏识自己的魏文侯不在了，新国君的上任也改变了当前的形势。公元前390年，一些大臣对吴起很是妒忌，于是纷纷排挤，最终吴起离开魏国去了楚国。

　　吴起来到楚国后，由于他曾在魏国屡获战功，刚到楚国就受到楚悼王的重用，先是任命他为宛守，让他抵抗魏国和韩国的军队。过了一年，又被升为令尹，吴起变法即将展开。

　　他计划首先整顿封建贵族的势力，在他的变法下，楚国的旧贵族受到制约，楚国的封建化进程逐渐加快，楚国的国力在不断强大。

　　公元前381年，魏国攻打赵国，于是赵国请求楚国相助，楚国派军队攻打魏国，赵国得到了援助。但不承想，吴起变法遭到楚国旧贵族势力的反对，因为他们未能获得政治和经济利益，因为这件事，楚国贵族对吴起怀恨在心。吴起这个外姓人居然能够纵横于楚国的贵族社会中间，因为受到楚悼王的信任就大肆整顿、打击贵族势力，限制贵族权力，于是他们趁楚悼王去世之后，联合楚国王室官员一同攻击吴起。

　　吴起立刻逃到了楚悼王的尸体旁边，旧贵族下令放箭杀死吴起，但楚悼王的尸体也中了箭。楚国有明法规定："攻击王者的尸体，定当重罪，灭三族。"群臣为了攻击吴起都射中了楚悼王的尸体，都应当受到重罪，因为这件事，贵族被除去宗室的有七十多家。虽然楚国旧贵族势力受到了打击，但楚悼王和吴起的死使变法失败了。

局势分析

虽然变法失败，但对当时楚国的旧贵族势力是一种打击，发挥了重要的作用。吴起变法对楚国的政治局势发挥了一定的作用，且对当时的政治环境影响深刻。

《韩非子·喻老》曾说："楚邦之法，禄臣再世而收地。"《淮南子·人间训》也说过："楚国之俗，功臣二世而爵禄。"他们所说的正和吴起变法时提到的"封君三世收其爵禄"的政治举措是一样的。不得不说，吴起的变法虽然失败，但使楚国的旧贵族政治走向了官僚政治的道路。吴起遭到迫害，正和李悝同命相怜，为后来的商鞅变法提供了尤为深刻的启示。

司马迁曾说过一句话："吴起兵法，世多有，故弗论，论其行事所施设者。"从这句话可以看出吴起对后世的影响，他在后人眼中不仅是著名的军事家，还是出色的政治家和改革家。

吴起曾担任过三个重要的职称，他曾在鲁国带兵打仗，鲁国胜利了；他去了魏国，魏国因他而变得强大；后来又去了楚国，在这里他想要使楚国更加繁荣昌盛，希望能够通过变法使国家强大，但因为触犯了王室利益，因而招来了杀身之祸。虽然遇难去世，但他的事迹被后人广为流传。

说点局外事

在吴起被任命为西河守的那段时间，秦国有一个岗亭，在魏国边境的附近。这个岗亭对魏国种田的人来说是个很大的威胁，但是岗亭不大，不必派兵攻打，于是吴起下令说："如果谁能够把这个车辕搬到南门，我就把上等田地和住宅赏赐给他。"一开始没有人搬，后来有人将车辕搬到了南门，吴起便立刻下令赏赐。

没过多久，吴起又将一石红豆放在了东门，又下令说："如果谁能够把红豆从东门搬去西门，我的赏赐和从前一样。"百姓们听了都纷纷争抢着搬。后来吴起又下令说："明天攻打秦国的岗亭，谁能够英勇应战的，我就任命他为大夫，赏赐上等的住宅和田地。"百姓听了都争相参战，很快一个上午，岗亭

就被攻下了。

大将军武安君李牧

在战国这个重要的历史阶段，各种思想相互交织和碰撞，政治制度也在不断变化，诸侯国之间的纷争日益激烈，互相争夺土地，硝烟四起，国家想要谋求生存和发展必须通过战争才能获得，因此这段时期人才辈出，乱世出英雄，李牧就是其中一位。

李牧是战国时期赵国人，有勇有谋，是一位杰出的军事家，和廉颇、王翦、白起并成为战国时期的四大名将。

在赵武灵王的"胡服骑射"之后，赵国的实力逐渐增强。到了赵惠文王和孝成王时期，匈奴肆虐，各部落的实力也很强大，他们在赵国边境蠢蠢欲动。为了使国家的疆土不受威胁，赵孝成王派李牧率军队镇守赵国北部边疆地区，抵御匈奴的侵扰。

李牧常年在赵国边境驻守，竭尽全力抵御匈奴，在他驻守的这段时期，匈奴不再肆意猖獗，可以看出他是一位有才干和智谋的将领。

李牧对军队进行整顿，不断加强军事实力，训练战士们的骑射能力，这有利于抵御匈奴的强烈攻击。与此同时，他还派人在烽火台把守，日复一日，从来都没有懈怠过。他派人四处巡逻，打探匈奴的活动迹象，只要发现情况就立即汇报。他还命令说："如果匈奴侵略到边境，抢掠钱财，要立刻到营垒守卫，如果有敢违抗命令擅自去捕捉俘虏的斩。"，这样一来，匈奴如果侵扰，也得不到什么东西，赵国可以将实力保存下来，也因此储备了大量的物资。但是匈奴人觉得李牧太过谨慎，身为一名大将，这样做是怯懦的表现，赵国的将士也这么认为。赵孝成王因此斥责过李牧多次，但他就是不改，后来赵王恼怒，下令将李牧召回国内。

赵孝成王派了新的将领替代李牧，匈奴在边境发动攻击时，他总是积极迎战，这和李牧截然不同。但赵军没有从中得到什么益处，战争频发，赵军屡次受挫，百姓们不能正常耕种发展农业，纷纷有了怨言，而赵国的军队也因为频发的战争使得物资消耗严重。赵王看情况不妙，于是又请李牧前去，李牧向赵王提出要求说："大王您如果用我，就要允许我用以前的办法，这样我才能奉命前去。"赵孝成王答应了。

李牧重新率领军队，接任后开始依照从前的方法继续执行。赵国的将士丰衣足食，甚至还能受到赏赐，但因为没有战事，每个人都期盼着能够作战，和匈奴决一死战。

李牧见军中将士们都有着很高的情绪，他等待的时机终于到了。于是他挑选出一千多辆精良的战车，一万多匹健壮的战马，五万名强壮勇敢的士兵和十万名射击技术很好的弓弩手。他对这些精心挑选的士兵进行严格的训练，还让百姓们在水草丰盛又醒目的地方放牧。匈奴看到后，变得猖狂自大，于是就派一小部分兵力到赵国边境侵扰。这一次，李牧率领军队向匈奴迎战，但刚刚和匈奴交手，就假装抵挡不过的样子，命军队撤回，做出战败的假象。

匈奴单于非常高兴，觉得赵军是怯战，且不具实力抵抗，于是决定率领主力军发动大规模战争。李牧不甘示弱，他从匈奴的两侧进行夹击，把十万多匈奴军包围并一举歼灭。紧接着李牧乘胜追击，灭了襜褴、破了东胡、收降林胡，匈奴单于立刻率兵逃走。从这以后，赵国的边境在十多年之内都没有匈奴作乱。李牧在赵国成了杰出的大将。

李牧在赵国边境抵抗匈奴的战略叫作坚壁清野，就是将野外的物资转移，并对防御工事进行加固措施，让敌人抢不到物资，也无法攻下城池。赵国在这个过程中能够储备物资、保存实力，然而匈奴则在不断消耗作战物资和实力。到了决战之时，李牧可以假装用实力薄弱来迷惑敌人，使匈奴轻敌，从而可以等待最佳战争时机。

匈奴的势力扩张之后，李牧是第一个与之作大规模交战的中原大将，他在抵抗匈奴的战争中获得了胜利，为边境扫除了障碍，之后开始蓄势待发抵抗秦国的攻击。

后来李牧被调到朝中，任命为相国，奉赵王之命出使秦国。他和秦国立下了盟约，也把留在秦国的人质接了回来。公元前 244 年，赵悼襄王登基，这个时候赵奢和蔺相如等朝中的重要大臣都去世了，廉颇因受奸臣排挤，无奈离开赵国投奔了魏国，李牧就成了赵国最重要的大臣。

魏国向秦国屈服之后，赵国就成了秦国的下一个目标。公元前 233 年，赵国的将领扈辄与秦国的将领樊於期作战，赵军损失惨重，国家危在旦夕。于是赵王派李牧率军抵抗秦军，宜安战争打响，秦军大败，樊於期率领一小部分军队冲出赵军重围，害怕降罪于是逃到了燕国。

从这场战争过后，秦国受到了严重的打击，李牧因抵御秦军有功，刚回国就被赵幽缪王封为武安君，秦国大将白起也有过这个封号。李牧与秦军的战争结束之后，赵幽缪王称赞说："李牧就是我们赵国的白起"，因此给他这个封号，可见赵王对李牧的器重。

公元前 232 年，秦国再一次向赵国发起进攻，赵王派李牧率军御敌，这一次秦军又战败了，但赵国也因此受挫。当时，韩国和魏国早已向秦国屈服，还协同秦军一同与赵国作战，所以李牧不单单要抵抗秦军的进攻，还要在南边抵御韩、魏的军队。

公元前 229 年，秦王下令派王翦率军十万向赵国发起进攻，赵幽缪王派李牧和司马尚出战，秦军屡次攻打都没有胜利。

王翦知道李牧是打胜仗的关键，于是就派奸细潜伏到赵都邯郸，并且花费重金买通赵国大臣郭开，秦人让郭开在赵国散布李牧与司马尚共同与秦军勾结的谣言，过不了多长时间就会背叛赵国。

赵幽缪王刚得知这个消息后大发雷霆，不经调查就下令派赵葱和颜聚替代李牧和司马尚。李牧接到命令但并未执行，为了国家的安危，他说什么也不交出兵权，依然和秦军顽强抵抗。奸臣郭开对李牧加紧监视，趁其不备，把他杀死了。

公元前 228 年，王翦对赵国发起新一轮的猛烈攻击，赵国最终被秦军消灭，赵幽缪王成了秦军的俘虏，邯郸也被秦国作为郡县进行统治。

局势分析

李牧是战国末期的杰出将领，他勇谋兼备，治理军队也有自己的方法，将士们和百姓都很拥戴他。他前期一直在赵国北部驻守边境，巩固防御工事，抵抗匈奴的攻击，制服匈奴后回朝，主要在政治和军事上参与较多，尤其是抵抗秦军的攻击。李牧把这一生都奉献给了国家和战场，是赵国抵抗攻击的中心力量，只是赵王被谗言蛊惑，不分青红皂白就把李牧处死了，这样的荒诞之举把国家送上了灭亡的道路。李牧和秦国将领白起的遭遇很相似，一名智勇双全的猛将就这样与世长辞了，真是让人为之惋惜。

胡三省在编注《通鉴》的时候曾经把李牧的死和赵国灭亡的原因连接在一起说："赵之所恃者李牧，而卒杀之，以速其亡。"意思就是说："赵国因为有李牧才有恃无恐，然而派人杀他，这就加速了赵国的灭亡。"司马迁在《史记·赵世家赞》中说赵王迁"其母倡也""素无行，信谗，故诛其良将李牧，用郭开"。说的是："赵王迁的母亲是个卖唱的女子，赵王迁听信郭开的谗言，于是杀了朝中得力大将李牧。"这是对赵王迁行为的一种讽刺和批判，他这样做是不为江山社稷着想，在赵国危在旦夕之时，他所作出的举动对赵国的兴衰存亡起着决定性作用。这对后世具有一定的警示意义，同时也表达了对爱国将士的惋惜之情。

说点局外事

公元前 229 年，秦王政命王翦率大军进攻赵都邯郸。赵王任命李牧为大将军，司马尚为副将，倾全军抵抗入侵秦军。双方实力相当，秦军久攻不下，王翦知道李牧不除，秦军在战场上不能速胜，于是采用反间计，派使者携带重金贿赂赵王迁的宠臣郭开。郭开向赵王进谗言陷害李牧和司马尚谋反，昏庸的赵王迁听信谣言，派赵葱和颜聚代替李牧和司马尚的位置，并将李牧诛杀，将司马尚免职。王翦计谋得逞后，率军攻灭赵国，杀死赵葱，俘虏赵王迁及颜聚。

秦灭赵后，赵国大臣大都惨遭杀害。郭开自以为对秦有功，秦王会对他网开一面，甚至可能会对他大行赏赐，于是便跟着王翦到了秦都咸阳。由于他多年来贪污受贿，搜刮民财，积累了无数金银珠宝，但因为不能随身携带，大都藏在了他邯郸宅第的地窖中。待战乱稍微平息后，他向秦王作了汇报，并请假回赵国搬取家财。秦王嬴政听罢，笑而许之。

郭开回到邯郸后，马上进入地窖取金，载以数车，准备运走。正当他洋洋得意地将全部家产运往咸阳之际，中途竟遇到了一伙强盗，他们不但将他

所有的钱财尽数夺走，还腰斩了这个利欲熏心、卖国求荣的小人。

楚齐联盟的促成者——屈原

屈原的一生是悲调的主旋律，他曾经可以呼风唤雨、威风凛凛，仅仅从家庭背景来看，屈原就有在政坛大展宏图的理由。屈原与楚王同姓芈，是贵族祝融氏的后代。芈姓人因为经商一直在迁徙，后来被封为楚地之主，后来在丹阳稳定下来。

渐渐地，芈姓逐渐分化开来，分为不同的氏族，楚王熊氏和屈原的屈氏都是从这个氏族中分裂出来的。屈氏本是王室贵族，在历史上都是非富即贵的身份。屈原的身份和楚王有着说不清的关系，因此，在当时那个充满纷争与硝烟时代，这是他年纪轻轻便能独当一面的重要原因之一。

由于家庭环境的影响，屈原从小就接受良好的教育，他在文学方面很有天赋，在政治思想上更是受到了一定的影响。屈原有着超群的天赋，读书有过目不忘的能力，这就使他加快了学习进程，小时候就成为人们关注的焦点。

在屈原生活的时代，楚国的辉煌历史正在渐渐淡去。楚怀王遇事不能沉着冷静，不像楚威王一样临危不惧。他贪婪且骄横自大，这是他无法延续先帝辉煌的致命伤。但令人庆幸的是，他赞赏屈原的才华，愿意与屈原共同商议国事。

屈原受到楚怀王的宠信难免会遭到同僚的嫉妒，他们也绝对不允许自己的切身利益受到强大的威胁，因此想要使楚怀王不再宠信屈原，就必须想办法让楚怀王对屈原失去信心。

屈原为人正直，楚怀王好大喜功，奸臣很容易从中添油加醋。渐渐地，楚怀王冷落了他。公元前304年，楚、秦两国签订盟约，屈原极力劝阻，不但没有成功反倒被革职了，流放到汉北一带。

被流放的屈原心中充满了苦闷和委屈，他时常写些文字表达自己对故土的思念之情和不得志的愤懑心情。后来楚怀王回心转意，解除了对他的流放，召回了郢都。

楚、秦两国的大战结束，楚国打败，只能割地给秦国，从这之后，楚国一直在秦国的压迫下饱受欺凌。楚怀王不甘心就这样下去，于是打算与齐国合纵抗秦，他派屈原出使齐国，并对之前楚国对齐国的背叛表明歉意，说服齐王与楚国再次结盟。

屈原按照楚怀王之意完成了出使，他雄辩的才能让齐王佩服，齐王也答应与楚国重新建立盟约。秦昭襄王知道这件事情之后，觉得这对秦国来说是一种威胁，于是写信派人暗地送给楚怀王，称过去秦国对楚国确实过分，以后愿意和楚国和睦相处，并且想和楚怀王一起商讨结盟的事宜。

楚怀王看到之后，进退两难：如果不去，恐怕秦国会觉得不赏脸，到时候秦王发怒，战争恐怕就不远了；但如果去，又害怕是被秦国设计的陷阱，很有可能自身难保。楚怀王心存顾虑，于是问朝中大臣。

屈原说："秦国如狼似虎，贪婪霸道，根本就不讲信义，他们曾经欺骗、讹诈我们多少次了，大王您千万不能去，否则秦国会设计陷害您的。"

楚怀王的儿子子兰极力建议楚怀王接受赴约，他对楚怀王说："秦国想要和我们结盟，这是一个和平共处的好机会啊！当初正是因为我们和秦国对抗，不幸战败，才导致损兵割地。"

最终楚怀王听了子兰的建议，答应秦国前去赴约。

屈原所担心的事情发生了，楚怀王刚到武关，后路就被秦军包围，楚怀王遭到囚禁。秦昭襄王向楚怀王索要土地，楚怀王没有答应，于是就被送到牢房里关押。就这样，楚怀王在秦国的牢房囚禁了一年，最后因心中忧郁痛苦而死。

屈原听到这个消息，心中既悲伤又愤怒，悲伤的是楚怀王昏庸无能又听不进劝阻，最后死在了秦国；愤怒的是秦王蛮横残暴，欺负楚国。后来他写了《招魂》这首诗，抒发当时的愤慨和无奈的心情。

楚怀王死后，太子横继位，称为楚顷襄王。楚顷襄王也是个昏庸无知、贪图享乐的国君，整天都沉浸在荒诞奢靡的歌舞升平中，不理朝政。屈原见楚顷襄王这个样子，对国家的安危甚是担忧，曾上书劝告楚顷襄王要把心思放在国家大事上，广纳贤士，罢免贪图利益的小人，对军队进行严格的整顿，这样才能使楚国重新崛起，向秦国报仇。

屈原的奏章并没有被送到楚顷襄王的手里，而是被令尹子兰和靳尚等奸

臣扣压，他们对屈原的奏章进行篡改，拿这些奏章作为证据，在朝中大肆污蔑屈原。在被奸佞小人的不断陷害之下，屈原的命运重蹈覆辙，再一次被流放。这次，他被流放到了更为偏远的地带，人烟稀少、草木无生。

屈原只想着挽救楚国，但国君昏庸，又有奸臣作乱，他满腹的才华无处施展，心中写满了悲痛和无奈。屈原流放的地方在汨罗江附近，他常常一个人在江边吟诗，都是些悲伤愤懑的诗文。

在这段时间，屈原还写了许多广为流传的著名诗作，有《离骚》《九章》《天问》等等，其中《离骚》流传最广。从他所写的诗歌里可以感受到屈原流放期间的凄凉生活和苦闷的心情。他的诗歌用楚国方言书写，通过对楚国花草的描写，讽刺了犯上作乱、不能心系国家安危、只顾自身利益的小人，赞颂了正直纯洁的美好品格，同时还表达了对楚国家乡的怀念之情。

一年又一年，屈原在流放中度过了漫长的生活，很快他变得面容憔悴，但他从未失去信心和希望，他相信总有一天楚王会回心转意，再次找他回去，让他尽全力报效楚国。他一直期盼着这一天的到来，但是过去了很多年，并没有收到这样的消息。

有一天，屈原漫步在汨罗江畔，边走边吟诵着他的诗歌，思绪沉浸在悲痛之中。岸边的渔夫见到了他问："您是三闾大夫屈原吗？您怎么会在这儿？"屈原回答说："因为所有人都肮脏无比，只有我是纯洁的；所有人都一醉不醒，只有我是清醒的，所以我才被流放到了这里。"渔夫说："识时务者为俊杰，要懂得自保。别人什么样您就什么样，不用太钻牛角尖，不然受罪的是自己啊！"屈原说："刚刚把头发洗干净就要戴上干净的帽子，刚刚洗完澡的人要穿干净的衣服。我不愿自己纯洁的品格被蒙上一层世俗的尘埃，那还不如让我跳进这江中溺水死去。"

公元前278年，秦国向楚国发起进攻，楚国的国都郢被攻破，楚王弃城而逃。屈原得知这一消息，心中悲痛万分。屈原已经预示到了楚国的沦丧，如今让他最为绝望的是，尽管他倾尽所有的努力都于事无补，形成的局面无法挽回。在这段时间，他写下了《怀沙》，抒发了内心的哀伤、悲痛和绝望的心情。屈原虽然流放在蛮荒之地，但内心从没放弃过，他对楚国依然充满信心和希望。但楚国后来形成的局面使他丧失了信心，没有了挽救的余地，他认为活在世上也是痛苦。

就在五月初五这一天，屈原对楚国已经心灰意冷，于是他投江溺水而死。

局势分析

屈原和渔父的对话在《屈原列传》和《渔父》中有描写，文中的这句话是屈原所说："举世皆浊我独清，众人皆醉我独醒，是以见放"，屈原心中的苦闷无以表达，只能将无奈和愤懑都交给世人，从而也阐明了他无法带着这样的心情存活下来的原因。身处喧嚣却倍感寂寞，这是最令人感到绝望和悲哀的事。

屈原满腹才华，却郁郁不得志；国君昏庸无能，奸佞小人作乱，国家遭遇沦陷，其他人却都落荒而逃。屈原满腔热情和才华无处施展，冰冷的政治现实为屈原的一腔热情泼了冷水，他在漫长的流放生活中被折磨得萧条憔悴。

在这样的生活中，没有了希望和信心，失去了国家和自身的价值，屈原选择投江而死也算是一种解脱。虽然世人觉得这是一个凄凉的结局，但他的君子品格从未受到玷污。

说点局外事

相传在屈原死后，当地的百姓想要把屈原的尸体打捞上来，但一直没有找到。后来为了使屈原的尸体不受损害，人们就把饭团和鸡蛋扔进江中，说只要把鱼虾都喂饱了，它们就不会咬食屈原的尸体；人们还把雄黄酒倒入江中，说这样就不会有蛟龙去伤害屈原，因为蛟龙被这种酒药晕了。

五月初五是屈原投江的日子，从这以后，每到这一天，百姓们就纷纷驾船到江中，把饭团、鸡蛋和雄黄酒投撒进江中，他们选择用这样的方式来祭奠屈原，可见屈原备受世人的尊重和爱戴。后来渐渐演变出赛龙舟这个活动，在这一天，人们驾舟竞相争渡，吃粽子、喝雄黄酒这些风俗都是由此产生的，也就是我们现在所说的"端午节"的由来。

第五章　国之纵横

　　各国的国君都在能够保证本国生存发展的基础上扩大自己的国土，增强国家的实力，在一方称王称霸。然而，各国一方面为了加强中央集权而整顿军队，加强军事力量；另一方面在外交上以苏秦为首的斡旋各国合纵抗秦团队，游说六国缔结合纵盟约，联合起来讨伐秦国，六国土地形成南北结盟的合纵局势。张仪游说各国发动连横之势，东西连接在一起。纵横家们一跃而起，对各国的外交政策有着很深的影响力。

联合伐秦之首——公孙衍

　　公孙衍是秦惠文王时期的大良造，他和张仪两个人是战国时期两个左右历史的人物。他们都是魏国人，也都为秦国效过力，只是两人的境遇不同，当张仪还在寻求出人头地的机会时，公孙衍已经成了秦惠文王身边的大良造，他手里掌握着军事和政治大权。当时魏国和秦国的关系始终处于紧张状态，为了与秦国交好，避免战事，公元前332年，魏国把阴晋这块土地当礼物献给了秦国。

　　公孙衍的仕途之路在这个时候是最为辉煌的，他率领秦军进攻魏国，两年内拿下了魏国的雕阴，还俘虏了驻守的将领龙贾。

　　公孙衍屡立战功，但他受秦惠文王的宠信也就此结束。公元前329年，出现了一个与他对抗一生的人，这个人就是张仪。张仪来到秦国，他具有无穷的谋略和善于雄辩的才能，因此秦惠文王很是宠信他。公孙衍越来越受到秦惠文王的冷落，他心中带着愤懑，无奈离开了秦国，投奔了魏国。

魏国曾因秦国的公孙衍而多次败给秦国，但公孙衍投奔魏国，魏惠王并没有记恨他的意思，还任命他为将。这个时候正好赶上楚威王去世，魏国想趁着楚怀王刚刚即位，根基不稳，向楚国捞点小便宜。这个时候公孙衍已经是魏国的大将，因此要担当起这个重任，但也因此，他和张仪这个对手开始了初次交手。

公孙衍一边筹备战事，一边又担心秦国会乘人之危，在魏国讨伐楚国的时候在背后给魏国致命一击，而魏惠王对此表示可以把上郡献给秦国。张仪听说这个消息之后，建议秦惠文王帮助魏国攻打楚国。为了不让魏惠王后悔，张仪向秦惠文王提出建议，把之前从魏国那里夺走的土地都归还给魏惠王，这样能够给他施加压力。

后来魏国将楚国的陉山攻下来了，但出于无奈和秦国施加的压力，不得不把比之前秦国归还土地还要大许多的上郡和少梁一并献给秦国。公孙衍为魏国拼死沙场终于攻下了楚国的疆土，而张仪只需要动动嘴皮就能够使魏国把土地献给秦国。

公孙衍从这以后就明白，想要和强大的秦国较量，仅凭魏国的实力是绝对不能与之抗衡的，胳膊拧不过大腿，想要摆脱这种局势，必须借助外界力量才行。"合纵"就是把弱小力量凝聚到一起，组成一股强大的力量。

张仪曾经向秦惠文王献计，要和魏国亲近，与楚国友好。但在公孙衍和惠施的计谋下，魏国与秦国之间的关系越发疏远，反而与齐、楚两国的关系甚为亲密。

如果魏国的合纵计划能够获得成功，那么秦国的扩张速度必然会变缓，此时张仪很是着急，于是他率领军队给魏国点颜色瞧瞧，这使得魏国无奈之下只能重新向秦国俯首称臣，又回到了当初被秦国威逼的形势。

从这之后张仪没有放松警惕，想尽办法打破了魏、楚、齐三国的合纵力量。在这个纷争不断、硝烟四起的战国时期，弱肉强食是最平常不过的自然规则。想要和实力薄弱的国家联合起来攻打强大的国家并不是一件容易的事，公孙衍也始终没有放弃，他不断发展外交，力求"合纵"，摆脱威逼的阴影。魏惠王对公孙衍的策略很赞成。

魏惠王首先尊称韩威侯为王，称之为韩宣惠王，接着又暗地和韩宣惠王共同去找齐王商讨合纵事宜。也是在这个阶段，各国之间关系友好，公元前323年，公孙衍发起五国结盟之事。五国均称彼此为王，势力浩大。秦王为此开始担忧，张仪立刻对当前的局势进行打击和破坏，他找到了突破口，毕竟五国合纵都是看中了自身的利益，并没有想象中的坚固。张仪辞去相国的位子，跑到魏国游说魏惠王，张仪主张"背纵连横"，魏惠王听得多了自然觉得张仪说的有道理。过了一段时间果然有了起色，魏惠王将主张合纵的惠施罢免了官位，转而任命张仪为魏相。公孙衍建立的"合纵盟约"很快就要功亏一篑了，然而魏惠王终于明白过来，说什么都不采纳张仪的主张，就在这个时候，齐国攻打秦国获得了胜利，因此秦国没有精力对付魏国。

公元前319年，齐、楚两国纷纷要求把张仪驱赶出魏国，魏国也派人出使楚、赵、燕三国商讨"合纵联盟"之事。最后张仪无奈之下离开了魏国。

张仪刚离开，公孙衍就被重新任命为魏相，公元前319年魏惠王去世了，魏襄王继位，他也认同公孙衍的主张，这使得公孙衍能够继续他的"合纵"计划，因此与赵、韩、燕、楚这几个国家重新建立了盟约，五国合纵抗秦同盟达成。五国联军在公元前318年向秦国发动了首次进攻，但这场战争并没有什么默契度可言，再加上让楚怀王率领指挥，五国联军在战斗中更是乱了套，刚刚到达函谷关，五国联军就受到了重创，随后各国兵马纷纷逃走。

战争结束后，魏国损失惨重，没有精力再商讨"合纵"的事，而是派人出使秦国请求和解。楚国见势不妙，也想要和秦国讲和，赵国一心想抗争到底，怎知齐国趁机打劫，一片混乱过后，公孙衍的"合纵"计划再次以失败告终。

"合纵"计划失败后，公孙衍饱受争议，于是无奈之下离开了魏国。让他留有一线希望的是，他曾和西戎义渠有过联系，于是他想要说服义渠趁五国攻打秦国的时候进攻秦国。他告诉义渠的国君，五国攻打秦国的时候，秦国一定会送上丰厚的礼物给义渠。但是义渠决不能因此就信任秦国，秦国极具野心，如狼似虎，一旦让他在同五国交战之后获得喘息机会，接下来一定会对义渠兴兵讨伐。

正如公孙衍所说，秦国在与五国交战时，派人带着丰厚的礼物和义渠商谈两国友好相处的事，义渠没有忘记公孙衍的叮嘱，因此并没有接纳秦国的厚礼，反而立即整顿军队向秦国发动攻击。此时的形势是秦国没有料到的，这一次秦国毫无防备，情急之下不得不放弃对五国的进攻。

没有任何一个国家想要与秦连横，五国联盟对秦国的讨伐并不意味着"合纵"计划的告终。公孙衍在离开魏国之前向魏襄王推荐齐国的孟尝君任魏相。孟尝君也支持当时的"合纵"计划，他为"合纵"计划能够继续进行出了一份力，因为他是齐国的贵族身份，有助于说服魏国与齐国联合。除此之外，投奔韩国的公孙衍也深得韩王的器重，被任韩相，掌握着政治大权，"合纵"的火焰从未熄灭，它即将重新燃烧起来。

五国联盟伐秦的背后是公孙衍和张仪之间的对抗，二人的能力不相上下，与公孙衍的对立，使得张仪对"连横"计划没有确切的把握。秦惠文王想要通过武力向韩国施加压力，就在这个时候楚怀王发兵援助韩国，在楚国的援助下，韩国和秦国对抗了一年，直到因为战事不断，将士们都已精疲力尽才选择投降。

公孙衍战败后又返回了魏国，事实上正是因为弱肉强食才使得"合纵"计划的产生，但是一次又一次的失败，强国依然强大，弱国依然弱小。公孙衍的抱负难以实现，和张仪比起来，他的结局更显孤寂、悲凉。

局势分析

公孙衍任魏相时期，魏襄王为了制约他的权力，重用公孙衍平日的敌人田需，公孙衍在魏国势力扩大的时候，田需并没有对公孙衍造成特别大的打击。但公孙衍在韩时期，田需在魏国的实力逐渐扩大。《韩非子》有记载，公孙衍重新返回魏国之后，遭到了田需的暗算。与公孙衍不和的大臣张寿被田需所杀，并嫁祸给公孙衍。魏襄王听信了田需的话，把公孙衍处死了。

当时的时代背景告诉我们，奸臣当道，忠臣惨遭陷害，国君偏偏听信谗言的蛊惑，使得忠臣被错杀，国家面临危难。

公孙衍虽然死了，但是他的"合纵"计划给了各诸侯国一个启发，他们不甘心被秦国呼来喝去，俯首称臣。在这之后，各诸侯国运用"合纵"的策略对秦国的攻击进行联合抵抗，还用这种方法扩张疆土。

孟尝君对"合纵"策略运用得尤其灵活自如，过了很多年之后，他被任命为齐相，他运用"合纵"的战略帮助齐国逐渐走向强大，在很长一段时间之内，齐国都是秦国称霸的最大威胁。然而在战国的疆土和版图上，也因"合纵"而弥漫硝烟，无尽的贪婪使诸侯国之间的战争一次次卷土重来。

◀ 说点局外事 ▶

魏惠王和齐威王在平阿相会之后，魏惠王为了使齐威王信赖，把太子送到了齐国，当做人质。过了一段时间，魏惠王开始思念太子，心中甚为忧虑。大臣朱仓为魏惠王想出一个计策，他让魏惠王假装生病，再派使者出使齐国。朱仓把这件事告诉了齐国的宰相田婴说，魏王年事已高，身体一天比一天差，如果把魏国的太子遣送回国，魏惠王一定感激不尽。反之，如果楚国在齐国之前就把在楚国流亡的魏公子遣送回魏国，那么魏国立魏公子为太子，现在在齐国的魏太子还有什么价值呢？齐国还要被人指责没有仁德的骂名。"

田婴听了朱仓的话，于是劝说齐威王将魏太子遣送回国，让太子和魏惠王二人团圆，齐威王听取了田婴的建议。

苏秦与合纵连横的浪潮

战国时期，各诸侯国纷争不断，争相夺取霸主之位，混乱厮杀的血腥场面时常发生。但也人才辈出，思想传播极为广泛而迅速，因而战国时期是中国历史上最激动人心的。苏秦是战国时期韩国人，是史上著名的纵横家。他凭借自己能言善辩的才能相劝六国，六国在听了苏秦的建议之后，决定团结起来对抗秦国，苏秦也因此成了六国的宰相。

苏秦出身卑微，但胸怀大志。他是鬼谷子的得意弟子，跟随鬼谷子多年，因偶遇同窗，于是和老师告别，回到故乡求取功名。

苏秦自幼聪明，且有很强的逻辑思维能力，喜欢与人争论，他从小就希望长大后做一名出色的纵横家，到各国游说，当苏秦告诉家人说他要到各国去游说的时候，遭到了家人的反对。

家人的意见对苏秦产生了影响，因此他只好放弃这个计划，迫不得已去找周显王，告诉了周显王自己的情况，说他曾学习过富国强兵之道，请大王给一个机会，日后一定为大王赴汤蹈火效犬马之劳。苏秦一直觉得秦国是最强大的国家，希望自己以后能够在这里实现自己的远大抱负，因此他选择了秦国，而这也是这位伟大的纵横家的起点。

苏秦拜见了秦惠文王，并说明来意，接着苏秦的游说就开始了。首先他将秦国的地理位置进行了详细的分析，秦国地势险要且不容易攻破，物产丰富且同各诸侯相比是名副其实的霸主。紧接着，他又对秦惠文王的治国本领连连赞扬，秦国实力强大，兵强马壮，在军事上训练有序，仅凭这一点就能够灭六国，称霸天下。

商鞅变法在当时震惊各国，举国上下无不对商鞅无上敬仰，秦惠文王却并不看好他，看不出他有什么过人之处。虽然秦国在军事力量上实力强大，但百姓却因此受到迫害，只是不敢有劝慰之言。

秦惠文王因暴政而失去了人民的拥护，然而暴政对秦朝来说是灭亡的信号。一般来说，强大的国家不仅需要有严密的法律条文，国君也要贤明，以"仁义"使百姓拥戴。自商鞅变法之后，秦国虽然在不断提升综合实力，但人心动摇。秦惠文王觉得仅仅具备这些是不行的，所以不能轻易决断。

苏秦的游说并不顺利，经历了很多年，渐渐地已经身无分文。于是苏秦把马车卖掉才返回了故乡。他一回家，就被母亲呵斥，苏秦心里也很内疚。于是他决定发愤图强，认真读书。

公元前334年，苏秦再次告别家人，到其余六国游说，劝这六国合力抗秦，于是合纵的浪潮由此掀起。为了使合纵计划能顺利有效地实施，苏秦找到张仪，让他投奔秦国，如果张仪成为秦国的谋士，那么张仪可以操控秦国攻打六国。

苏秦与家人辞行，来到了实力薄弱的燕国。苏秦拜见燕文侯，在说明来意之后，把六国合纵的重要性向燕文侯阐明：燕国没有受到秦国的攻击，是因为燕国以西还有赵国抵御秦国，如果说赵国想要攻击燕国，早上出兵，下午就到了燕国。在这一点上，大王您做错了。您不和临近的国家友好相处，反而把土地送给距离甚远的秦国，这是不可取的。如果您采纳我的建议，和赵国立下盟约，这样能够使秦国不敢轻易攻打燕国。燕文侯被他的口才打动，于是立刻让他和赵国联系。

苏秦骑着快马迅速赶到了赵国，以使臣的身份面见了赵肃侯，对赵肃侯说："现在秦国不敢轻易攻打赵国，因为它害怕受到韩、魏两国的西南夹击，如果韩国和魏国都归顺于秦国，那赵国恐怕难以自救了。六国的土地是秦国的五倍，将士的数量是秦国的十倍，如果东方六国能够一同对抗秦国，秦国必败，到时候就没有什么可担心的了。倘若六国联盟，订立盟约，日后无论秦国进攻哪个国家，其余各国一同出兵，如果有哪个国家不按照盟约实施，其余五国就一起讨伐它。如此一来，秦国一定不敢再侵犯了。"赵肃侯听后非常高兴，热情款待了苏秦，还拜他为相国，让他去和各国取得联系并订立盟约。

于是苏秦就作为赵国的使臣，去其余的几个国家进行游说，阐明了目前局势的利害关系，并把六国合纵抗秦的重要性详细说了出来，各诸侯国君对此都非常赞同。于是韩、赵、魏、燕、齐、楚这六国谋划着一起合纵抗秦，苏秦成了六国的相国。后来他回到了赵国，赵王又封苏秦为武安君，为他授予相印，除此之外，还对他厚赏。秦王听说了这个消息，非常吃惊，十五年之内都不敢进攻函谷关。

当时的局势安定，苏秦没有用一兵一卒，没浪费一斗粮食，也不损失一兵一箭，更不用派大将迎战，就能够使各国和睦相处。苏秦在合纵抗秦的计划中受到了很多赏赐，瞬间成了受人尊敬的人，获得了当初他想要得到的功名，名扬天下，没有人能够战胜他。

秦王并不甘心就此没落，他召集大臣商议此事，如何能够使六国关系破裂，有人提议采用离间计。秦国想从距离最近的魏国开始，把曾经从魏国夺得的土地归还魏国，再把自己的女儿嫁给燕国的太子，用和亲的方式改善两国的关系。秦国为此不断努力，魏、燕两国与秦国的关系得到了改善。接着秦国派犀首作为使臣出使齐、魏两国，借着和赵国争夺土地为理由，唆使两国共同攻打赵国，这就使得六国合纵的关系瓦解。

苏秦曾私下帮助燕国削弱齐国的势力。公元前292年，齐、赵、秦三国实力强大，形成了三国鼎立的局面，对宋国的土地肆意掠夺，苏秦对燕昭王说："我们可以借助秦国和赵国的力量攻打齐国，我以特使为名，假装帮助齐国攻打宋国，在齐国当间谍，帮助燕国达到目的。"苏秦向燕昭王保证，一定信守承诺，一直到死。

苏秦到了齐国之后，燕昭王开始对他产生了疑心，因为苏秦三番两次劝说燕昭王，拖延攻齐的时机，而苏秦总以时机尚未成熟为由，于是燕昭王打算把苏秦替换回来。对此，苏秦内心觉得很委屈，于是给燕王写了封信为自己的行为辩解，信中感情真挚，表露了忠诚与决心。后来燕昭王终于没有将苏秦替换回来。

燕易王刚即位，齐国就趁机攻占了燕国十座城池，于是燕王派苏秦去齐国斡旋，使齐归还土地。苏秦对齐王说："秦国把女儿嫁给燕王，燕王就是秦国的女婿，如今您夺取燕国的城池，不怕秦国出兵攻打吗？"齐王听后心生恐惧，于是将占领的城池归还给了燕国。

燕文侯去世之后，苏秦和文侯的夫人有染，被易王得知，苏秦害怕被诛杀，于是立刻逃到了齐国。齐宣王对其才能很是赏识，委以重任。后来齐宣王去世了，齐湣王继位，奸臣作乱，与苏秦争宠，有人暗地派刺客暗杀苏秦，苏秦危在旦夕之时求齐王为他报仇。齐王以苏秦作乱之名诱使刺客露面，并在苏秦死后向全国发出公告，刺杀苏秦之人当重赏，刺客果真前来领赏，齐王将刺客诛杀，了却苏秦遗愿。

◀ 局势分析 ▶

苏秦游说六国合纵攻秦，其结果是在意料之中的，各诸侯国都是从自身利益出发，因此各国之间的关系并不牢固。齐国表面上赞同六国合纵，这不过是个幌子，其实也是想要通过合纵制约秦国，使秦国不能脱身援助宋国，好让齐国可以再次攻打宋国。

当时苏秦提议对秦国采取强攻手段，然而齐国并没有为此真正出力，韩赵燕魏也就开始相互推脱，使强攻难以实现，因此联盟国家并没有和秦国出现大的冲突。齐国连续讨伐，国力大大受损，苏秦也借这个机会使齐国失去了信誉，同时也使齐国与其余五国的关系恶化。

苏秦虽死，但各诸侯国攻齐势力蠢蠢欲动，这是苏秦离间下历史发展的必然结果，时机逐渐成熟。公元前284年，燕昭王任乐毅为统帅，联合五国合纵伐齐，田单虽助齐复国，但齐国国力大损。苏秦把齐国推向了霸主之位，但他也履行了对燕王的诺言，削减了齐国的实力。从历史发展的角度来看，这对秦国实力的增强有辅助作用，却使六国的实力减弱。

苏秦一生都在奋斗，他出身贫寒，没有显赫的背景，也不依靠家人的帮助，他能够夜以继日地以刺股的方式激励自己读书，他所具备的顽强意志力是常人所不能及的。他能够出入庙堂之上，担任六国相国，能够达到这个地位也是没有人能够取代的。他的六国合纵之策对历史发展产生了重大的影响。

说点局外事

苏秦家境贫寒，读不起书，只能为别人做些短工维持生计，后来他离开了故乡去齐国拜师学习。短短一年，苏秦认为自己学到了本领，就告别了老师，开始他的游说之路。一年过去了，他事业上并没有什么起色，因为身无分文，于是又返回了家乡。

苏秦因为过度劳累已经瘦得不成样子，身上穿着破烂的衣服，脸上还带着尘土。他的妻子看见他连声叹息，嫂子见到他转身就走，饭都不愿做。父母更是不愿理他，呵斥他这一切都是自找的。

家人的冷漠让苏秦很伤心，他把自己关在屋子里不出来，对之前自己所做的事情进行了反思："如今家人冷落我，都是因为我没有好好学习，没有干出一番大事业。"

他发现了自己的不足，于是振作起来，伏案苦读。每到深夜，他都会因为困倦不自觉地趴在书桌上睡着了，第二天早上醒来又懊悔不已。

有一天深夜，苏秦正在苦读，后来实在太困，不知不觉就趴在了书案上。突然，他因手臂被刺痛惊醒了，一看是手臂被书案上的锥子刺中，于是他想到了一个可以使自己不瞌睡的主意，就是在困倦的时候用锥子刺大腿。以后他每次犯困就拿锥子用力扎大腿，这样就会因为疼痛而不能入睡，他的大腿也因此常常淌着鲜血。

家人看见了也有些心疼，就对他说："你有成功的决心是好的，但是非要这么对待自己吗？"

苏秦回答说："这样我就能永远记得曾经的耻辱！"

这样学习了一年之后，苏秦拥有的学问已经很充实了，于是他又开始了游说之路，这次他终于在政治上获得了辉煌的成就。

张仪连横

张仪是魏国大梁人，是贵族的后代，和苏秦共同师从鬼谷子，学习合纵之道。学成之后，张仪告别老师，游说各诸侯国。有一天，楚国的国相昭阳的家中举办宴会，来客纷纷祝酒，热闹非凡。宴席期间，昭阳发现自己随身携带的玉佩丢失了，于是不断地询问，很快，所有目光都集中在了张仪的身上。他是一个初出茅庐的新人，又能言善辩，自然最受怀疑。

于是，昭阳不问清楚就命人把他捆起来打，企图让他自招。但张仪并不是偷东西的人，即使是严刑逼供，他也不会承认，于是昭阳把他赶走了。刚刚告别老师的张仪内心很失落，师出同门的苏秦已经是赵国的相国，再看看自己却还是过着贫苦的生活，想到此处他就涌起一阵心酸。他带着满身的伤回到家，妻子为他上药，他突然问妻子："你看我的舌头有什么问题吗？"说完就张开嘴，妻子一脸的疑惑，回答说："当然没问题了，怎么了？"张仪说："只要舌头没问题就行。"后来他就是凭借自己的伶牙俐齿和纵横之道，辅佐秦国实现了统一。

就在这个时候，苏秦正想派一个人到秦国配合他的合纵计划，于是他就想到了张仪。此时张仪正惆怅没有机会，心里也期盼着能够得到苏秦的引荐，希望能够实现自己的抱负，于是他想要投奔苏秦。

可当他来到赵国，没有人为他通报，就这样半个月之后还是没能见到苏秦，张仪很生气，决定离开，另谋他法。这时有人对他说："你刚刚不是说相国会派人接你吗？可如今你要走，他去哪找你？你不能走啊！"

张仪内心很矛盾，又过了几天，苏秦终于接见张仪，张仪不求能够得到热情招待，但实际上比他想象的还要糟。苏秦进来便是一脸的傲慢，只让下人做了些粗茶淡饭给张仪，自己却吃上了山珍海味。张仪心中很是不快，但是因为在这里等了这么多天，肚子已经很饿了，只好坐下来吃。可没吃两口，张仪就被苏秦的话灌了一肚子气，苏秦阴阳怪气地说："你比我有才能，可如今却落得这步田地，如果我带你向赵王引荐，事倒不难，我就怕你现在这个样子给我脸上抹黑啊！"

话音刚落，张仪就按捺不住心中的怒火，说："好你个苏秦，我们同窗这么久，我还以为你能记挂着我，如今我才来看望你，可我万万没想到，你居然变成这个样子，不念往日情谊，不把我放在眼里还阴阳怪气地嘲笑我。你有本事，当你的相国吧！就当我从没来过这儿！"

张仪本以为投奔苏秦还能得到施展才华的机会，可来了之后不但没有受到提携还受尽了侮辱，他很愤怒，于是离开了赵国。

苏秦合纵六国攻秦，苏秦是六国相国，相印自然在他手里，即便去了也不会有什么好处。因此除了秦国，张仪没有其他路可走。于是他毅然决然地踏上了秦国的道路，他并不知道自己所走的路是苏秦早就设计好的，因此苏秦失败，张仪获得了成功，这也是同一目的、不同形式下发展的结果，和两个人的才能高低没有关系。

张仪离开之后，苏秦就派舍人暗中协助张仪，但不让他知道，苏秦对舍人说："张仪是个有才能的贤士，我自叹不如。只是我比他先功成名就，但张仪有能力在秦国得到权力。他生活艰苦，我担心给他小名小利会让他不思进取，所以他来找我，我用激将法让他发愤图强。"苏秦请赵王拿出钱财并派些车马，让舍人在暗地里协助张仪。

后来张仪拜见秦惠文王，用打破合纵连横的计谋游说秦惠文王，惠文王觉得张仪能言善辩且才智出众，于是就拜张仪为客卿，共同谋划攻占讨伐之事。苏秦的舍人完成使命后，准备回国，于是向张仪告别。张仪对他说："我如今获得的成就都是因为您才能实现的，还没有报答您，怎么突然就要走了呢？"舍人回答说："你不用感谢我，你该谢的人是苏相国。"他把苏秦的想法告诉了张仪，张仪听了很感动，他对舍人说："我刚刚来到秦国，怎么会攻打赵国呢，您替我谢谢苏兄，他需要我的时候，我一定会协助的，更何况苏兄在世，我不会攻打赵国的。"

从这以后，张仪就开始迈开破除合纵，主张连横的步伐。拆散齐楚两国的联盟是最重要的，为了将这两个和秦国实力相当的国家孤立出来，张仪去了魏国，成了相国。

张仪在魏国时常劝魏王归顺秦国，时间长了，魏王也就觉得张仪所说的不无道理，于是背叛了盟约，和秦国结交。达到了目的，张仪就又返回秦国做了相国。过了三年，魏国重新加入了合纵联盟的队伍，秦王很生气，于是讨伐魏国，第二年，魏国就归顺了秦国。

张仪把魏国从合纵的队伍拉到了秦国连横的战壕，接下来的目标就是楚国。

楚国国土面积大，将士数量众多，但是楚国外强中干，政治腐败。张仪到了楚国，为了找人把自己引荐给楚怀王，张仪买通了靳尚，拿人钱财替人办事，靳尚把张仪引荐给了楚怀王。听说张仪来到楚国，楚怀王亲自接见他，楚怀王问张仪："您来我们楚国所为何事？"张仪回答说："如果您愿意和齐国断交，秦王把六百里的土地送给楚国，如果您愿意和秦国和睦相处，秦王愿意把他心爱的女儿嫁给您，秦国和楚国以后就是兄弟，您觉得如何？"

楚怀王生性贪婪，一听说要赠予土地，还能抱得美人归，顿时喜上眉梢，当场就同意了。楚国大臣更是马屁精，只一个劲儿地说楚王英明。文武百官，只有陈轸对这件事充满了忧虑，他觐见楚怀王，劝楚王考虑清楚，三思而后行，还建议楚王假装归降，等得到土地再下决断。

楚怀王怎么能够听得进去，他脑子里满是张仪口中所说的莫须有的六百里土地这份大礼。他对陈轸说："本王不费吹灰之力就能得到六百里土地，秦国既然要给我，这还用想吗？"陈轸听后只能连连叹息。

楚怀王一直觉得这是天上掉馅饼的好事，害怕拖的时间越长，心里越是不安，这么好的机会不能就这么丢了。于是他给张仪一份厚礼，就是楚国的相印，随即宣布与齐国的盟约就此终止，两国不再有任何往来。为了能够领取这份厚礼，楚怀王派将军逢丑父和张仪一同前去秦国。

张仪回到了秦国，下车的时候假装从车上摔下来，让人看起来很严重，结果称病不能上朝达三个月之久。楚怀王知道这件事之后，以为楚国和齐国之间没有彻底断交，于是派勇士想办法进入到齐国境内，对齐王破口大骂。

齐王听后大怒，一定要给楚国点颜色看看，但齐宣王有自知之明，知道齐国当时的国力不足以和楚国对抗，于是和秦国结交，决定共同讨伐楚国。秦齐两国恢复友好关系以后，张仪认为已是最佳时机，于是对逢丑父说："你们大王惦记这土地很久了吧，这里有六里封地，你占领了就回去交差吧！"逢丑父一看上当了，立刻回国向楚怀王报告，怀王一气之下打算出兵攻秦，没想到的是，秦国与齐国结盟，讨伐不成，反被两国联合攻击，吃了败仗。

让秦王日夜不安的齐楚两国的结盟，仅仅凭借张仪，就使得两国关系破裂，反目成仇，秦国还因与齐国联合伐楚，攻占了楚国的大部分土地，因此变得更加强大。

这件事过后，张仪又去了韩国，向韩襄王游说。他清楚知道各诸侯国最薄弱和恐惧的地方。韩襄王最畏惧的就是秦国，因为秦国实力强大，韩国根本就不是他的对手，因此韩国只能听命于秦国。紧接着张仪又奉命去其余的几个国家进行游说。

张仪凭借着一张嘴就能使各诸侯国之间失去了信任，彼此猜忌，但同时都和秦国保持和睦友好的关系。到这里，张仪的连横计划就成功了，而且很有成效。

周赧王四年，张仪的游说结束，待他凯旋，却发现宠信他的秦惠文王已经离世，他的儿子武王即位。早在武王是太子的时候，他就嫉妒张仪受惠文王宠信，如今武王即位，恐怕不会放过自己。正如张仪所料，他刚回到秦国都城，朝中的大臣就纷纷向武王进谏，谗言满天飞。各个诸侯国听说了这个消息之后，觉得前途渺茫，于是各自都解除连横改为合纵。

张仪的处境非常危险，他认为这样下去迟早会使自己送命，思来想去，他对秦武王说："出于对秦国的利益考虑，如果各诸侯国纷争再起，大王才能够从中获利，得到更多的疆土，我听说齐王早已对我恨之入骨，如果我去魏国，那齐国一定会攻打魏国，您可以借这个机会给韩国致命一击，完成您的霸业。"

秦王相信了，心里很高兴，于是派了三十辆兵车把张仪送到了魏国。果真，张仪一到魏国，齐国就开始了对魏国的进攻，魏襄王很害怕，张仪一脸平静地对魏王说："我有办法让齐国撤兵。"魏王不相信，张仪派自己的舍人冯喜去齐国，说服齐国撤兵。冯喜到了齐国，对齐王说："全天下没有人不知道大王您对张仪恨之入骨，但是仅仅因为张仪在魏国您就攻打魏国，那您就中计了。"

齐王满脸疑惑，不明白，于是向冯喜询问缘由。冯喜把张仪对秦王的计谋告知了齐王，齐王听后感叹道："张仪啊张仪，我差点儿又被你带到沟里！"于是齐王命令撤兵，魏王一看齐国自行撤兵，非常高兴，于是对张仪很是宠信，封他为相国。但是短短两年，张仪就在魏国病逝。

局势分析

自商鞅变法之后，张仪通过自己的雄辩之才以及超群的谋略，立下了汗马功劳，功绩卓著，在秦国政治、军事以及外交上都占有重要的地位。他能够在危机中凭借连横之术，使秦国的实力增强，从各诸侯国的纷争中一跃而起，使其他国家不敢轻易进攻。

孟子的弟子景春评价张仪说："公孙衍、张仪，岂不诚大丈夫哉？一怒而诸侯惧，安居而天下熄。"从这句话我们可以看出，张仪凭借自己能言善辩、足智多谋的才能，使苏秦所创的六国合纵伐秦的计划瓦解。虽然张仪去世之后，六国的关系从连横转向合纵外交，但这种局势并没有长久持续下去。张仪所创的连横之术是秦灭六国以及统一天下的基础性策略。一代纵横家，用自己的聪明才智和出奇制胜的谋略创造了这个纵横六国的精彩历史。

说点局外事

秦惠文王十四年，秦国要挟楚国，想得到黔中一带的土地，要用武关以外的土地交换它。楚怀王说："我不愿意交换土地，只要得到张仪，愿献出黔中地区。"

秦惠文王想要遣送张仪，又不忍开口说出来。张仪却主动请求前往，秦惠文王说："那楚王恼恨先生背弃奉送商於土地的承诺，这是存心报复您。"

张仪说："秦国强大，楚国弱小，我和楚国大夫靳尚关系亲善，靳尚能够去奉承楚国夫人郑袖，而郑袖的话楚王是全部听从的。况且我是奉大王的命令出使楚国的，楚王怎么敢杀我。假如杀死我而替秦国取得黔中的土地，这也是我的最高愿望。"

于是，张仪出使楚国。楚怀王等张仪一到就把他囚禁起来，要杀掉他。

靳尚对郑袖说："您知道您将被大王鄙弃吗？"

郑袖说："为什么？"

靳尚说"秦王特别钟爱张仪而打算把他从囚禁中救出来，如今将要用上庸六个县的土地贿赂楚国，把美女嫁给楚王，用宫中擅长歌唱的女人作陪嫁。楚王看重土地，就会敬重秦国。秦国的美女一定会受到宠爱而尊贵，这样，夫人也将被鄙弃了。您不如替张仪讲情，使他从囚禁中释放出来。"

于是郑袖日夜向楚怀王说："作为臣子，各自为他们的国家效力。现在土地还没有交给秦国，秦王就派张仪来了，对大王的尊重达到了极点。大王还没有回礼却杀张仪，秦王必定大怒出兵攻打楚国。我请求让我们母子都搬到江南去住，不要被秦国欺凌屠戮。"

楚怀王后悔囚禁了张仪，于是赦免了张仪，像过去一样优厚款待他。

第六章　谁与争锋

　　战国时期，出现了许多仁人志士，各国都广纳贤才，以增强国家的实力。国与国之间的结盟并不牢靠，诸侯国之间再一次展开了激烈的角逐，硝烟与杀戮依然持续。秦国是最强大的国家，诸侯国纷纷合纵讨伐秦国，考虑到天时地利，各国纷纷派使节缔结盟约，因国家的安危联合起来并为扳倒秦国走到了一起。秦国虽然强大，但六国合纵的力量也不容小觑，秦国面临的是更大的挑战。

渑池之会

　　在赵国的支持下，燕昭王得以促成"五国伐齐"的合纵策略。五国合纵是由燕国而起，在赵国的支持下才得以完成。在这场战争中，让赵国觉得必胜的因素在于秦国的参与，同意秦国可以在讨伐齐国的战争中得到利益，因为秦国和齐国相距甚远，只有经过第三方国家才能到达齐国，秦军很有可能就是经过赵国到达秦国的。

　　济西之战之后，五国联军在与齐军交战中遭受了严重的打击，秦国和韩国的军队也都撤离，燕、赵、魏三国决定继续发动对齐国的攻击，赵国攻打河间。在讨伐齐国的战争中，赵国的大将廉颇成了最引人注目的焦点。

　　公元前283年，廉颇率领军队打败了齐军，攻打阳晋，这场战争和乐毅攻打齐国诸多城池的战争交相辉映，廉颇也因此声名远扬。战争结束后，廉颇被封为上卿。

廉颇伐齐的那段时期，李兑这个人没有在史书上记载过，战争开始没多久他就去世了。李兑当初想要杀害赵武灵王，赵惠文王一直都很怕他。在这之前，各诸侯国想要合纵或者连横的都会说服赵国，但他们只找李兑，因此可以看出李兑在当时的地位和权力之大。李兑去世后，赵惠文王也就摆脱了被人压迫的日子，虽然他的能力不能和赵武灵王相比，但他慧眼识人，知道一个人能否担当重任。对于君王来说，这一点是很了不起的。

　　廉颇讨伐齐国这年，赵惠文王得到了一块宝玉，名为和氏璧。这是一块很漂亮的玉，价值连城。赵惠文王很喜欢这块玉，但秦国听说有这样一块玉在赵国，于是就派使者去赵国，开出用十五座城换和氏璧的条件，可见和氏璧是多么珍贵的宝贝。

　　从国家的角度想，再好的一块玉也不及城池重要，拿这块玉换取城池，毫无疑问是稳赚不亏的买卖。但秦国是出了名的不讲信用，就怕到时候拿到玉，秦国又要赖账了。思来想去，赵惠文王不知如何是好，但倘若拒绝了秦国，赵国很有可能面临战事。于是赵惠文王打算从外交入手，因而他必须派一个很有才能且机敏过人的使节说服秦昭襄王。就在这时，宦者令缪贤推荐了自己的门客，这个人就是蔺相如。

　　在缪贤的推荐下，赵惠文王召见蔺相如，赵惠文王问他说："秦王想要拿十五座城交换和氏璧，我给不给他呢？"蔺相如回答说："秦国强大，赵国弱小，秦国提出这样的要求是合理的，所以不能不给。"赵惠文王又问："如果秦王把和氏璧拿走了，却反悔不给城池怎么办？"蔺相如回答说："秦国要拿城交换和氏璧，如果我们不答应，那么赵国就是不讲道理。相反，如果秦国拿到和氏璧，却中途反悔不交出十五座城，那就是秦国不讲道理。宁可让秦国背负这样一个不讲道理的名声。"

　　赵王点头答应，说："那先生您觉得谁出使秦国合适呢？"蔺相如回答说："如果大王找不到合适的人，我愿意出使秦国。如果秦国交出城池，我就把和氏璧留在秦国，反之，我一定会把和氏璧带回赵国的。"

　　赵惠文王觉得蔺相如智勇双全，且有很深的谋略，于是赵惠文王决定让蔺相如带着和氏璧出使秦国。

　　到了秦国的都城，秦昭襄王接见了蔺相如，蔺相如献上宝玉，秦王瞪着眼睛看，连声称赞这块玉与众不同。蔺相如仔细观察着秦王的神情，发现他对割城的事只字不提，也表明了他提出拿十五座城换和氏璧又是一张空头支票，于是他走上前对秦王说："事实上和氏璧是有一点瑕疵的，请让我指给您看。"

秦王很惊讶，这等宝玉也会有瑕疵，自己怎么没有发现？于是把和氏璧交给蔺相如。没想到蔺相如拿到和氏璧，没有上前指给秦王看，反倒向后倒退了几步。他把和氏璧举起，后背靠向一个大柱子，怒形于色，对秦王说："大王您很想得到和氏璧，提出拿十五座城池做交换，赵国上下都觉得您只是凭借自己国力强大，想要强行夺来，从来没有想过拿十五座城做交换，因此都劝赵王不要答应秦国的要求。但我觉得，普通百姓都不会欺骗对方，秦国是大国，更不该做这样的事。因为一块玉和秦国结下恩怨，这显然不值得。赵王听了我的劝说，斋戒了五日，还派我出使秦国献上和氏璧，他之所以会这样做是尊重秦国。但是我发现秦国并没有隆重接待我，还在章台这样的普通宫殿，从礼节上讲是不尊重的。大王拿到了和氏璧，还拿给妃嫔观赏，没有恭敬之心，不把我这个使臣放在眼里。既然大王没有诚意，我就把和氏璧带回去。如果大王逼迫我，那我就与和氏璧共存亡。"

秦王见蔺相如举起和氏璧想要往柱子上砸，吓得跳了起来，他大喊："住手——"接下来假装赔礼道歉，还叫人拿来秦国的地图，顺手圈了十五座城，说要割给赵国。蔺相如看出秦王只是做做样子，画出的十五座城只是临时的，并不是提前画好的，只是权宜之计罢了，他并不想拿十五座城换取和氏璧。

于是蔺相如对秦王说："这块和氏璧是珍贵的宝贝，赵王在打算献上和氏璧的时候斋戒五日。大王您也应当斋戒五日，然后隆重接收这件宝贝。只有这样，我才能安心把和氏璧交给您。"

秦王听了蔺相如的话，觉得今天很难拿到这块玉了，如果硬抢，这个使者就要把和氏璧毁了。想到这儿，秦王又采用缓兵之计，答应了蔺相如的要求。

蔺相如并不相信秦国会拿城池做交换，看透了秦王的心思，等他拿到和氏璧，一定还会反悔。于是他派一名亲信走小路把和氏璧带回了赵国。斋戒五日结束后，秦王隆重接见了蔺相如，蔺相如大步跨进来，但他没有拿和氏

璧。群臣都很诧异，蔺相如说："秦国从秦穆公时期到现在，共有二十多位君主，但都是出了名的不守盟约。"朝中的大臣听了这话都惊恐万分。

蔺相如接着说："我怕大王找借口蒙骗我，所以我派人把和氏璧送回赵国去了。"秦王的脸色一下子沉下来。蔺相如说："秦国强大，赵国弱小，大王如果先把十五座城割给赵国，难道赵国敢不交出和氏璧吗？而我，欺骗了您，理应被处死。大王您可以用最残酷的刑罚杀掉我，我毫无怨言。只求大王能够考虑清楚。"

卫兵跑上前准备把蔺相如拉出去，秦王说："还是算了，即使杀了蔺相如，和氏璧也得不到，还会因此得罪赵国。用使节之礼招待他，然后让他回赵国，赵王总不会因为一块玉欺骗秦国吧？"

蔺相如凭借自己的胆识将和氏璧带回了赵国，从这次外交上可以看出，蔺相如在秦王面前临危不惧，他的勇气和谋略让人佩服，赵惠文王拜他为上大夫，他的才能得到了赵惠文王的赏识，成了赵国重臣。

秦、赵两国维持的只是暂时的和平，战争很快打响。

公元前282年，秦国派大将白起率军讨伐赵国，攻打蔺、祁这两座城池。接下来的两年，秦国攻打赵国，夺取了离石，接连斩杀赵军两万人，夺取了光狼城。赵国的实力和秦国无法匹敌。

公元前279年，秦昭襄王停止了对赵国的讨伐，而是要和赵国和好。秦国突然的转变一定有他的道理。秦国的外交手段很有一套，所以一定是在政策上有什么变动，这其中一定另有隐情。原来秦国之所以和赵国言和，是因为秦国要出兵攻打楚国。

秦昭襄王派使者转告赵惠文王，希望两国能够和睦相处，之前的恩怨都一笔勾销，他请赵惠文王到渑池会面。赵惠文王听后，秦昭襄王邀请楚怀王在武关相会的场景回荡在脑海，但楚怀王却有去无回。有过这样的例子，赵惠文王还去不去呢？

赵惠文王进退两难，于是召见廉颇和蔺相如，廉颇和蔺相如的看法一样，都说："倘若大王不去，说明赵国是个懦弱胆小的国家。"齐国逐渐衰败之际，赵国是诸侯国中的第二大国，为什么还会害怕秦国？于是赵惠文王采纳了两人的建议，答应了邀请。蔺相如随赵惠文王一同前往渑池，廉颇率军在边境守卫。

　　临行之际，廉颇对赵惠文王说："大王此次渑池之行，往返不会超过三十天，如果时间一到，您还没有回来，请暂时立太子为王，以免秦人趁虚而入。"赵惠文王答应了，于是上路赶往渑池。

　　赵惠文王、蔺相如到达了渑池，秦昭襄王设宴款待。但秦人狡猾，喝酒过了三巡之后，秦王做出一副稍有醉意的样子，对赵王说："我听闻赵王爱好音乐，今日把酒言欢，趁此雅兴奏瑟一曲如何？"赵惠文王喝酒后的兴致极高，于是答应当场奏瑟。谁知道这竟是秦国人的阴谋，秦王早就设计好，他叮嘱御史把这件事记录下来："某年某月某日，秦王和赵王在渑池饮酒，秦王命令赵王当场奏瑟。"御史边写边大声喊，让赵国人都听见，当众侮辱赵国。

　　这是国家的尊严问题，秦国人太过猖狂，坐在赵王身边的蔺相如立刻起身，手里拿着一只盆缻，站到秦王面前，说："赵王听说秦王对秦国的音乐格外精通，今日我为秦王献上盆缻，大王也演奏一下，就当是娱乐。"

　　秦王设计的阴谋，他怎么会不明白，蔺相如这么做是不想让赵国受辱。秦王说什么也不答应，他想到和氏璧那件事就更是气不打一处来，于是他不理会蔺相如。蔺相如不罢休，拿着缻跪到秦王跟前，接着高举盆缻，执意要求秦王击打。秦王更是愤怒，蔺相如大怒说："我和大王仅仅相隔五米远，如果大王不同意，蔺相如的血就会溅在大王的身上。"

　　在场的人都惊呆了。秦王的侍卫拿着刀想要上前杀蔺相如，蔺相如瞪大双眼，怒视着秦王的侍卫，没人敢上前。秦王和蔺相如相持着，他看得出蔺相如的意志力很顽强，相持之下，秦王觉得自己有失面子，于是便击缻做做样子。在与蔺相如的对峙下，秦王无奈选择了妥协。

　　蔺相如这才罢休，退下后叫来赵国御史，同样命令其记下："某年某月某日，秦王为赵王击缻。"虽然在宴席上没有血腥和硝烟，但蔺相如却以智慧和勇气与秦国人一比高下。威震天下的秦王被赵国的蔺相如羞辱，真是颜面尽失。

　　就在这时，秦国的大臣又为秦王支招："请赵国拿十五座城作为秦王的寿礼。"蔺相如说："请秦国把咸阳献出作为礼物献给赵国。"蔺相如和秦王唇枪舌剑、针锋相对，无论秦国想出什么招数，蔺相如都能一一拆开。秦国人总想着能从中占点便宜，蔺相如则用超人的智慧成了赢家，他的一身正气是他最大的人格魅力。

局势分析

渑池之会，赵惠文王没有在楚怀王之后重蹈覆辙，是因为秦国要攻打楚国，担心赵国会在背后有小动作。廉颇在边境率兵把守，秦国也不敢轻易进攻。渑池之会以后的几年内，秦国和赵国都没有发动战争，两国都在这段时间不断扩充自己的实力和疆土，增强了国家的军事实力和地位。可以看出这次渑池之会对秦赵两国起到了双赢的作用。

廉颇和蔺相如两人也上演了一段感人的将相和故事。两千多年后的今天，这个故事依然能够给我们启示。每个人心里都对其种理想非常敬仰，也崇尚于某种高尚的人格和情操。廉颇和蔺相如就是如此，他们的精神成为我们的榜样。尤其是蔺相如，他的果敢和智谋体现出他是一个难得的人才。在秦王面前，他临危不惧，用过人的谋略和勇敢战胜了秦王。在廉颇面前，他能屈能伸，并以国家为重，识大体，有远见。

人们都喜欢戏剧，也总是希望看到的故事能够有一个好的结局，只不过这种期待在历史上很少能够得到满足的，但廉颇和蔺相如之间却足够称得上是最好的结局。廉颇和蔺相如两个人一笑泯恩仇，也因此成了生死之交，他们之间的友谊在争权夺势、明争暗斗的战国时期弥足珍贵。

说点局外事

由于蔺相如的出色表现，赵惠文王对他更是器重。回到赵国，赵惠文王封蔺相如为上卿，同因渑池之会立功的廉颇很不甘心地说："我是赵国的将领，有为国家征战沙场的功劳，而蔺相如只不过动动口舌就立了功，权力地位居然超过我。而且蔺相如出身卑微，让我的职位低于他真是感到耻辱。"他还扬言说："如果让我碰见蔺相如，我一定羞辱他。"

蔺相如听说了，于是尽量避免和廉颇碰面，朝会之时，他就称病不去，打远看到廉颇，就让车夫立刻掉头。如此一来，蔺相如家的门客都觉得很诧异，因此觉得丢脸，于是一起商量打算辞行。

家臣们听说了这个消息，找到蔺相如说："我们当初之所以想要投奔您，就是因为您是一个光明磊落的人，我们欣赏您的高风亮节，但是您和廉将军都是朝中大臣，他扬言向您挑衅，而您却总是躲避，您这样也太害怕他了吧！这样的事放在平民百姓身上也无法忍受，何况您是上卿啊！我们都没有本事，请您允许我们和您辞行吧！"

蔺相如知道门客的想法，于是问："廉将军和秦王相比，谁更厉害？"大家一致说："当然是秦王更厉害。"蔺相如接着说："我敢在朝堂之上怒斥秦王，侮辱他的臣子，我虽然愚钝，难道还会害怕廉将军吗？我认为强大的秦国之所以不敢轻易攻打赵国，那是因为赵国有我和廉将军在，如果我们两个发生争斗，秦国很可能趁虚而入。因此我躲避廉将军避免发生摩擦，是因为我觉得国家利益最重要，而个人恩怨放在其次。"

门客们听完都从心底里佩服蔺相如的心胸和气度。正打算和蔺相如辞行的人都感觉十分惭愧，他们太注重个人的面子，却没想到蔺相如能够以国家利益为重，为江山社稷着想，这种宽广的胸怀让人折服。蔺相如的话被传到了廉颇耳朵里，廉颇虽然在战场上能够奋勇杀敌，但性情过于鲁莽，且直来直去。听到蔺相如说的话，廉颇内心深感羞愧，自己的心胸怎么能和蔺相如相比呢！他的耿直使他必须为之前的鲁莽请罪。

廉颇露着臂膀，身上背着荆条，让宾客带领他来到了蔺相如的家里。廉颇是赵国有名的大将军，如今却露着臂膀，背着荆条走在大街上，街上的百姓见了都觉得很诧异。但他不在乎人们怎么看，大步朝前向蔺相如家走去。蔺相如听说廉颇前来，立刻开门热情迎接，廉颇见到蔺相如立刻跪下说："廉颇只是一个粗俗肤浅的莽夫，不知道您居然有这么宽阔的胸襟啊！"

华阳之战

郢都失守，楚国上下万分悲痛，但秦国的战略举措从未停止。公元前277年，秦国大将白起和蜀郡太守张若共同对楚国的西部地区巫郡和黔中地

区发动攻击，楚军再次战败，两郡都被秦军占领。这个时候的楚国沉浸在哀痛之中，不知道还能够维持多久。楚顷襄王在战败后寻找失败的原因，他想起庄辛曾劝告他说过，奸臣当道。但楚顷襄王还听信佞臣之言，沉浸于享乐，更不用说要发动军队攻打秦国，现在就连郢都都保不住。

如今的状况正顺着庄辛预言的发展，血淋淋的现实摆在眼前，楚王在悔恨中反思自己曾经的过失，派使者出使赵国，把庄辛带回来。庄辛怀念故土，于是随使者回到了楚国。到了楚国的都城，楚顷襄王亲自出来，热情地迎接庄辛，并懊悔地说："都怪我当初没有听取先生的劝告，如今落到这步田地，我该怎么办才好呢？"

庄辛回答说："如果大王愿意采纳我的建议，事情还有转机；如果不愿采纳，事情会发展得更糟糕。"楚王连连点头，庄辛接着说："现在及时弥补还不算晚，以前商汤、周武王都是依靠百里土地最后崛起的，然而夏桀和商纣王即便拥有天下最终却走向了灭亡的道路。现在楚国的疆土随着战争的频繁增多而越来越少，但仍然拥有数千里的土地，与商汤和周武王拥有的百里土地比起来，楚国的领土算是地大物博了。但我还是要说大王您，大王身边有夏侯、州侯、鄢陵君和寿陵君，在饭桌上享用的是封邑的粮食，车上装载的是楚国国库的钱财。大王带他们到云梦泽一起游玩，而不把江山社稷放在心上。但您知道吗？秦相魏冉正受秦王之命，在盘算着把黾塞吞并，想把您赶到黾塞以北去呢！"

听庄辛说完，楚顷襄王就被吓得面色惨白，身体也开始不停地发抖，他终于感觉到楚国危在旦夕，于是想要在最后关头借助庄辛这一根稻草挽救楚国。当初只知道挥霍的四个宠臣已经毫无用处，也确实不可靠，能够把楚国救于水深火热之中的只有庄辛。楚顷襄王封庄辛为阳陵君，让他负责谋划接下来的一切军事活动。

不得不说，庄辛是一个很有才能的人，在获得楚顷襄王的册封后，他从楚国东部调集了十多万兵马，为收回曾经的国土而准备。当时，楚国沦陷了数座城池，其中包括郢都、巫郡和黔中郡等。黔中郡在长江以南，由于地理原因，秦国在这一带的军事力量相对薄弱。庄辛以江南黔中的十五座城池作为重要火力点，用十万将士对秦兵采取猛烈攻势，将秦军赶出了黔中地区，并重新设郡。楚国的国土收复，也算是挽回了一点国家的尊严。

楚国之所以能够收复失地，有两方面因素，其一是在庄辛的奋力挽救下成功对秦国发动攻击；其二是秦国正在与魏、韩两国交战，因此楚国能够趁这个时机攻打秦国。在各诸侯国中，秦国的战争策略最为明晰，他的主要攻击对象就是魏、韩两国，最终攻下两周。

公元前277年，魏昭王去世了，魏圉继位，即为魏安釐王。秦、赵借着魏国政权转变的时机向魏国发动攻击。公元前276年，赵国的将领楼昌率领军队向魏国几城进攻，赵、魏两国战争打响，由于久战无功，后任廉颇为将，继续攻打几城，不久便将几城攻克，并归入赵国版图。同一年，秦国大将白起也率军攻打魏国，拿下两座城邑，赵、秦两国对魏国虎视眈眈，魏国处在两面夹击的形势中。

公元前275年，秦相魏冉率军进攻魏国，目标是魏都大梁。魏国的形势越来越严峻，韩国和魏国同命相怜，魏国遭此一劫，韩国不能置之不理，倘若不救，那么下一个就会是韩国。

韩釐王派名将暴鸢率军支援魏国，魏冉率领秦军的主力军队和韩军决一死战，韩军战败，暴鸢损失惨重。这时候魏安釐王就只能孤军奋战了，无奈之下他忍痛割八座城池给秦国想求和。但割城只能获得暂时的安定，这样下去不是长久之计，更不能满足秦国的胃口。果不其然，没过多久，魏冉再次率领部队大举进攻，魏安釐王手足无措，他派芒卯在宅阳抵抗秦军。魏国的兵力无法与秦国抗衡，魏军战败，眼看秦军又攻到了大梁城，魏国的局势很快又将发生变化。紧要关头，韩国再一次拔刀相助，结果和上次一样，韩国依然惨败而归。

魏安釐王在经历了一次战败后，又在考虑一个问题：一战到底还是请和呢？魏安釐王内心是想和秦国请和的，但魏国大臣们纷纷劝阻魏安釐王说："当初魏惠王派十万大军攻打赵国，强抢邯郸城，而赵国说什么都不选择割地求和，后来反倒复国了。齐宣王时期，齐军讨伐燕国，攻破燕国的都城，燕国也不肯割土地求和，后来也复国了。赵国和燕国之所以都能够不使国家沦陷，是因为他们能够尽全力接受一切考验，维护国家的尊严，不轻易割地求和。我们也应该向赵国和燕国学习。秦国如狼似虎，野心勃勃，胃口也大得很，没有一个国家敢和它交好。如果我们总是因为战败而割地求和，国土会越来越小，实力也将逐渐减弱，秦国的贪得无厌迟早会将魏国吞并。如果战败，迫不得已必须割地，我们就应该尽量减少损失，还要和秦国拿人质做保证，只有这样才不至于再次受骗。"

于是魏安釐王决定派须贾去秦军谈判。须贾见到了魏冉，对他说："《周书》上说天无常命，就是说幸运不会一直出现。您能够打败魏军，逼迫他割八座城池，这并不是兵力强大，也并不是计谋深不可测，只不过是运气好而已。如果您再次率军前往，先打败芒卯，然后夺取宅阳，接下来攻打大梁城，如此下来，您不会认为上天只会宠幸一方吧。我觉得只要聪明就不会这么想。魏国已经召集了上百个县邑的军队，驻守在大梁城，兵力不低于三十万。用三十万的军队，守卫一座高达十尺的都城，即便是商汤、周武王复活，也不能轻易攻破吧！如果秦军不考虑楚国和赵国的威胁，想越过十尺高的城墙，向三十万魏军进攻，还能信心满满地认为是迟早的事。那我一定要说，自从天下分裂开始，没有人能够做到这一点。您向大梁城进攻，却久攻不下，那么秦军也一定会精疲力尽，到时候楚军和赵军都会趁机介入。到那个时候，您之前所有的一切都付之东流了，您的采邑和陶邑都会没有了。如果您是一个考虑周全的人，最好不要冒险攻打大梁城了。"

陶邑是宋国的土地，后来被秦国占领，成为魏冉的封地。陶邑和秦国土地并不是紧密连接的，驻守的军事力量自然相对薄弱许多。须贾很聪明，他给魏冉盘算，陶邑这块富饶的土地，如果魏冉攻打大梁久攻不下，还有可能丢了自己的土地，这可就不光是竹篮打水一场空的事情了。

听完须贾的分析，魏冉觉得不无道理，最终放弃了对大梁城的进攻，魏国也因此避免了劫难。

齐国逐渐衰败之后，秦国和赵国都在不断扩张自己的土地。公元前275年，廉颇再次率军攻打魏国，将防陵和安阳攻克，接着赵国大将燕周率军攻打齐国。虽然齐国已经复国，但实力却不能与之前同日而语，齐国在赵国的猛烈攻势下无力还击，最后昌城和高唐都被赵军攻克。

赵军的实力不及秦国，扩张的力度和秦国相比也较弱。赵国在攻打齐国的同时，魏冉再次攻打魏国，凯旋后，他攻占了四座城池，斩首四万。

魏安釐王因屡受重创，国力大损，在秦国和赵国的轮番进攻下，魏国的版图在逐渐缩小，如此下去，魏国气数将尽。为此，他从外交入手，想要在秦国和赵国中选择一个进行投靠，这样才能保住魏国，最后他决定选择赵国。

但想要投靠赵国一定要献上见面礼，魏国拿什么喂饱赵国这匹饿狼呢？无奈之下，为了自身利益，魏国选择了和自己同命相怜的兄弟韩国。在秦国攻打魏国时，韩国是出了不少力的，一次支援就损失了四万人，如今魏安釐王也是因为走投无路，出卖了为他两肋插刀的韩国。

魏国依附于赵国，甘愿为赵国做牛做马，身先士卒，和赵国联合起来攻打韩国华阳城。韩釐王对魏国背信弃义的做法恨之入骨，难道从前为魏国出的力得到的竟是魏国的恩将仇报吗？面对赵、魏两国联军的势力，韩国也不甘示弱，韩釐王派使者向秦国求援，在这个危急时刻，他只能投靠强大的秦国。

韩釐王派陈筮连夜赶往秦国求救，陈筮到了秦国找到魏冉。在这之前，魏冉就已知道赵国和魏国联合起来攻打韩国的事，见韩国派使者前来，一定是想寻求援助。于是他问陈筮："韩国现在处于危急的形势之下吧，所以派你来这儿。"陈筮回答："还不是很危急。"魏冉很惊讶，脸色一下子暗下来，怒力冲冲地对陈筮说："你这样都能当韩国的使者？韩国使者来这儿都说情况十分危急，可你却说不急，为什么呢？"陈筮回答说："韩国如果真的面临危急，就会依附其他国家而背叛秦国了。真是因为不急，所以才派我来。"

陈筮在和魏冉采用心理战术，但这个战术着实有效，魏冉起身对陈筮说："您不用再去见秦王了，我现在就准备出兵支援韩国。"魏冉本来还在犹豫，如果答应韩国的支援，就说明自毁与赵国之前达成的协议，但韩国依附秦国，这无疑也是一次扩张的机会。为了国家的利益，魏冉决心助韩与赵、魏联军交战。

魏冉派白起和胡阳率军向华阳进攻，秦军很有效率，仅仅八天就到达了前线。战场中变化不断，一个不小心就有可能掉进敌人设计的陷阱。白起在把握战机这方面最擅长，他先发制人，给敌军先来个出其不意。

白起的军事才能毋庸置疑，在这次战争中，他大获全胜，魏军惨败，被斩首十五万，魏国将领芒卯吓得仓皇而逃。秦军乘胜追击，攻破了三座城池。

接着，白起向贾偃率领的赵军进攻，赵军战败，两万人都死在了黄河中，秦军将观津占领。

这场战争是继伊阙之战和伐楚战争之后秦军的又一次胜利，白起本想着一鼓作气将魏国消灭。当时秦国的实力无人能敌，最担心的就是六国合纵抵抗秦国的大军。在地理位置上，魏国处在中心地区，如果灭掉魏国，南北就会被阻隔，六国合纵的计划也就无法达成。基于这些考虑，白起率军向魏都前进，将大梁城重重包围，但大梁城军事防御很强，想要攻破不是那么容易的。正当白起包围大梁，燕国和赵国派援军前来相助魏国之时。魏国将领段干子向魏安釐王建议，把南阳这块土地割给秦国，这样能够换取和平。

苏代对段干子的建议并不赞同，他劝诫魏王："夫以地事秦，犹抱薪救火，薪不尽，火不灭。"意思就是说，凭借割地求和这种办法只能谋得一时的和平和安稳，就像抱着木柴去救火一样，只要木柴烧不完，火就不会灭。

魏安釐王听了苏代的话说："先生说的很有道理，但是既然这件事已经开始，就没办法更改。"说罢，派使者去秦国求和。秦昭襄王再一次得到满足，而魏国的土地却在每一次疯狂的战争中被侵略、强夺。

就这样，韩、魏再次向秦国低头，在短时期之内，合纵计划难以进行。秦国周围有四个国家，由南往北依次是楚、韩、魏、赵，如今魏、韩两国都屈服于秦国，接下来就是赵国和楚国了。但秦昭襄王本来并不想先攻打赵国，而是楚国，这是由于楚国的军事实力比不上赵国。

公元前 278 年，白起攻下了楚国的郢都。楚国惨败，很长时间都沉浸在那段悲痛之中，一直对秦国有畏惧之心。现在秦国又和韩、魏联合起来攻打楚国，秦国胜算就更大了。秦昭襄王下令让白起备战。就在这时，一个楚国人来到秦国，这个人并非一般的使者，他叫黄歇，是战国四公子之一，被称为春申君。

秦将白起在打败了魏、赵联军后，楚王就意识到问题的严重性了，于是派黄歇去秦国打探。黄歇能言善辩，见多识广，他刚来到秦国，就听到秦国即将作战的消息，一看当前的形势，楚国根本不是秦的对手，如今最好的办法就是使秦昭襄王改变主意。想到这儿，他立刻提起笔，给秦王写了封信。

黄歇在信中提到秦国和楚国是诸侯国中最大的两国，如果彼此争斗，只会让其他国家坐收渔翁之利。他举了一个例子，在晋国四卿当中，智瑶是力量最大的，他和韩、魏两国一起攻打赵氏，胜利就在眼前了，竟没料到韩、魏两国突然选择背叛，反倒和赵氏联合起来将智瑶杀死了。韩、魏两国只是假装向秦国屈服，事实上只是缓兵之计。经过了一百多年，韩、魏两国在战争中有多少将士死在秦军手里，国家受到摧残，百姓受到迫害，韩、魏两国和秦国的恩怨小吗？可是秦王居然想利用这两个国家对付楚国，这难道不是战略上的失策吗？如果秦、韩、魏三国攻打楚国，齐国一定会趁这个时期发兵。到那个时候，想要瓜分楚国，秦国能得到了也不过是贫困荒芜的西部土地，然而韩、魏两国却能够得到富饶的中部土地，齐国能得到的是东部的土地，您这样做不是在给魏、齐两国可趁之机吗？接着他又为秦王提出建议：秦国目前应该和楚国联合起来，对韩、魏两国采取压制手段，这样一来，韩、魏就会成为秦国的关内侯。韩、魏想要扩大自己的疆土，只能向齐国进攻。如此一来，秦国只需要遏制住韩、魏两国，就能够扩张自己的势力，一直向东延伸，赵、燕、齐、楚这四国的联系就会受到阻隔。到那个时候，即使您不发动战争，天下诸侯也都听您发号施令了。

秦昭襄王看到这封信之后，决心有所动摇，要比军事实力，楚国并不强大，但如果想要消灭楚国又并非易事。倘若秦国孤军奋战，消灭楚国的难度还是很大的，因此他的确需要与韩、魏两国联合起来。

秦、楚是邻国，但如果想要从秦国直接攻打楚国，就必须跋山涉水，地形是很大的阻碍。楚国的西部地区人烟稀少，即使秦军能够将此地占领，恐怕也难以驻守在这儿，一旦秦军撤军，这块土地立刻就会被楚国接管。就像黔中地区，最后依然会被楚国收复。

秦昭襄王最终被黄歇说动了，改变了主意，他采取黄歇提出的建议，取消攻打楚国的计划，派使者随黄歇前往楚国，使秦国和楚国结盟。秦昭襄王不想在东部大干一场，那么他的下一个目标就是赵国。

◀ 局势分析 ▶

华阳之战是一次在历史上具有深远影响的战役，它的爆发使得秦国和赵

国形成了对立。秦国对魏国的连番攻击，使得魏国几乎没有喘息的机会，后来魏安釐王派须贾说服魏冉，须贾用"天命无常"的观点并没有起什么作用，但他还有一把撒手锏，就是赵国和楚国。魏国处在赵国和楚国的中间地带，一旦秦军向魏国进军，赵国的风险最大，而楚国也被卷入这场战争中。如果赵楚两军从南北两面对秦军夹击，魏军再从后面包抄，使秦军没有退路，那么魏冉将面临战败的危险。在须贾的分析下，魏国才算是逃过了这一劫。

后来楚国派出使者黄歇前往秦国，也是这个目的。他为秦昭襄王分析了当前的形势和接下来有可能转变的局势，利益当头，秦国这个如狼似虎的国家当然不会做无用功，更不会留给韩、魏扩张的机会。因此他采取了黄歇的建议，和楚国结盟。秦国野心勃勃，他的目的是号令天下，因此他所走的每一步都很谨慎。

战国时期的战争很频繁，两国的结盟也是出于本国的切身利益着想，而并非为了和睦相处。使臣的游说有可能转变战略局势，但贪得无厌的国家始终都恃强凌弱，不断扩张自己的势力，征战讨伐的硝烟从未停止。杀戮之下有人割地求和，然而也正是这样才使国家一次次丢掉尊严，使得贪婪的国家卷土重来。

说点局外事

黄歇是战国时期楚国人，他是楚国的公室大臣，为楚考烈王效力20年有余，曾经和韩、魏、燕三国联合起来一同攻打秦国，他还率领军队支援赵国，邯郸之围就有他的功劳。在战国后期，他率军将鲁国一举击破。秦将白起夺取郢都之后，在他的协助下，楚国的实力逐渐增强，成为战国末期无论在军事上还是政治上都位居第二、实力仅次于秦国的国家，黄歇是楚国的大功臣。

后来考烈王继位，由于没有儿子，黄歇献给考烈王许多能够生育的年轻女子，但始终都没能如愿。黄歇也为这件事情发愁。在黄歇的三千门客中，有一个叫李园的赵国人，他很有心计，不甘心就这么寄人篱下，他想要拥有荣华富贵，成为有权有势的人。他有一个妹妹叫李嫣嫣。见黄歇整日为考烈王没有继承人的事情烦恼，于是李园想把自己的妹妹献给考烈王，但是又听说考烈王不能生育，恐怕过不了多久就会失宠。于是他就想了一个办法，先把李嫣嫣献给黄歇，黄歇对李嫣嫣宠爱有加，没过多久便怀了身孕。李园等待的时机到了，于是对黄歇说："楚王很宠信你，但是楚王没有继承人，百年之后，一定会由他的兄弟继承王位。新的国君一定要是自己人，不然你就难以保证以后还像现在这么荣华富贵了。而且你执政多年，一定在某些地方得罪过楚王的兄弟，很难保证将来不会大难临头。如今我妹妹已经怀有身孕，伺候你的时间也并不长，没有人知道，如果你用你的名义把李嫣嫣献给楚王，他一定会宠爱她的。如果日后能生下一个男孩，那么以后的国君一定是你的儿子。那整个国家不就是你的了吗?"黄歇听了李园的话，很赞同这个计谋。于是按照李园说的，把李嫣嫣献给了考烈王。

李嫣嫣进官没多久，生下一个男孩，考烈王非常高兴，于是立刻立他为太子，立李嫣嫣为王后，并让李园在官内担任职务。李园受到考烈王的宠信，渐渐变得嚣张跋扈，但他也害怕黄歇会把这件事情的真相泄露出去，于是暗地里派杀手，想要杀掉黄歇。

黄歇有一位叫朱英的门客看出了这其中的微妙玄机。公元前238年，考烈王生了重病，生命危在旦夕，朱英劝说黄歇立即将李园杀掉，否则就会大难临头。但是黄歇并不听劝，黄歇觉得李园只是一个书生，怎么会舞枪弄棒呢，再加上自己也算是李园的恩人，因此没有把朱英的话当回事。

朱英见黄歇并没有理会自己的好言相劝，害怕灾难祸及自己，于是立刻逃走了。过了17天，考烈王去世，黄歇和李嫣嫣的儿子继承了王位，是为楚幽王。考烈王去世这一天，李园在黄歇进入官廷之前就让刺客在官门口设好埋伏，等到黄歇进入官门为考烈王吊丧的时候，黄歇被冲进来的刺客用乱剑刺杀，死在了官门口，他的头颅被砍了下来，抛出了官门外。同时李园还派刺客去黄歇的家里灭口，杀了他的全家。

赵奢的成名战"阏与之战"

赵奢是赵国掌管征收田地租税的官吏，一次在收取平原君家的租税时，被平原君拒绝，赵奢要对其依法处置，便把平原君家的九个管事的人都给杀

掉了。平原君这下发怒了，发誓要把赵奢杀死。赵奢借着怒火说："您可是富贵公子，如果我现在纵容您，就是不遵循公家制定的法令。这样的话，就会使法令的效力减弱，法令被削弱了，那么国家也就逐渐衰败。国家衰败了就会引来其他诸侯国的侵略，在诸侯国的侵略下，赵国就会灭亡。您说即便有了财富，又有什么享用的意义呢？您有尊贵的身份和地位，如果您能够遵守国家制定的法令，就会使国家上上下下的人感到公平，只有达到这种公平，国家才能富有昌盛，国家富有昌盛了，赵氏在政权上才能够稳固，而您是赵国的权贵亲戚，这天下的人还会看不起您吗？"听了赵奢的一番话，平原君觉得他是一个有学识和才干的人，于是就找机会把他推荐给了赵王。赵王见赵奢很有才能，便命他掌管全国的租税。在他的掌管之下，国内的赋税既公平又合理，人民生活富足，国库充足，国家兴盛。

秦国攻打赵国，把军队驻扎在阏与待命，赵王把廉颇召过来问："现在可以去救援吗？"廉颇回答说："道路艰难险阻，而且路途遥远，地形狭窄，救援起来很困难。"于是赵王又把乐乘召过来问："可以救援吗？"乐乘回答说："道路艰难险阻，而且路途遥远，地形狭窄，救援起来很困难。"乐乘的回答和廉颇一样，接着赵王又召见赵奢问同样的问题，赵奢回答说："道路遥远，且艰险狭窄，就比如两只老鼠在窝里争斗，问哪个更厉害，哪个能获胜一样。"于是赵王派赵奢率军去阏与援助。

当军队离开邯郸三十里远的时候，赵奢立下军令说："谁敢为军事进谏的就当场处死。"秦军驻守在武安西面，秦军敲鼓呐喊为军队助威，城中的屋瓦都发出了震动的声音。赵国派一个人请求发兵援救，赵奢立刻把这个人杀掉了。

赵军驻守在军营的堡垒里，在里面整整停留了二十八天按兵不动，还把所在的堡垒加固了一遍。秦军派人潜入赵军的营地打探消息，赵奢给他好生款待之后送了回去。间谍把经过向秦军做了汇报，秦国的将士们都高兴地说："赵军刚离开国都三十里就停止不前，还不断加固军营的堡垒，阏与一定不会被赵国占领的。"

赵奢把秦军派来的间谍遣送回去之后，就立刻把铁甲卸下来，向阏与快速行进，仅仅用了两天一夜就到达了前线。他还让善于射箭的士兵驻扎在距离阏与五十里处随时待命，等到赵奢的军营驻扎好，秦军才知道这个消息，于是立刻召集军队赶来这里。

有一个士兵叫许历，他想向赵奢就军事方面提出自己的一些建议，赵奢应允他进来，许历说："秦国人根本没有料到赵军会以这么快的速度来到这里，如今军队已经赶到这里和敌人对抗，士气旺盛，将军万万不可松懈，要集中兵力，随时等待时机，否则很有可能就会失败。"赵奢对他说："还请您多多指教。"许历说："现在我请求您处死我。"赵奢说："还是等回到邯郸再听命吧！"接着许历又向赵奢提出建议说："在这场战争中，谁先占据北面的山头谁就能获胜，谁后到谁就失败。"

赵奢采纳了许历的建议，出兵一万以最快的速度冲向北面的山头，秦军在赵奢之后到达，和赵奢争夺北山，但秦军久攻不上，赵奢站在高处，对秦军猛烈攻击。驻守在阏与的赵国军队也都纷纷出城配合赵奢攻击秦军，秦军士气下降，承受不住多方夹击，死伤无数，逃走的兵力就超过了一半。见形势不妙，秦军都吓得仓皇而逃。秦军在这场战争中打败了，阏与的围攻战也由此结束。

待赵奢胜利归来，赵惠文王赐予了赵奢马服君的封号，还命许历为国尉。赵奢的地位和廉颇、蔺相如平起平坐，由于赵奢被封为马服君，他的子孙后代也都以马服作为姓氏，后来把"马服"姓改为单姓"马"，这也是马姓氏的来源。

局势分析

《战国策》中有记载，阏与之战发生的最主要原因就是秦国和赵国之间用土地作交换。这场战役是自商鞅变法之后，秦军损失最为惨重的一次。秦始皇统一六国以后，六国的史书都被付之一炬，烧得一干二净。赵奢所指挥的战役取得的战果究竟有多大，没有数据可以提供。但是有一点可以肯定，就是秦军在这场战役中的损失惨重，秦国人作战英勇，不到万不得已，他们是绝对不会选择撤退的。

赵奢凭借这场战役，一跃成为赵国最著名的大将。我们可以从这场战役

中看出赵奢所具有的特殊的军事才能：首先他利用秦军极度骄傲躁动的心态故意给敌军制造敌强我弱的假象，让敌军觉得自己是懦弱畏惧，不敢应战；其次，他利用反间计，欺骗了秦军的总司令胡阳；其三，他坚定了作战决心，并且火速出兵，给敌军来个出其不意，使敌军乱了阵脚；最后，顺势利用天时地利的优越条件，率领军队勇猛作战，最后以自己的策略和战斗力打败了敌人。

赵奢凯旋回国后获得了丰厚的待遇，赵惠文王将他封为马服君，地位和廉颇、蔺相如等同。赵惠文王对他委以重任，赵奢成了朝中重臣。赵奢得到了宠信，田单却并不服气。《战国策》中有一段关于赵奢和田单的对话，阏与之战这一年的一次出使过程中，田单对赵奢说："我并不是看不起您的兵法和谋划的策略，但我并不佩服您。因为什么呢？将军每次打仗都会损耗过多的兵力，士兵数量越多就越会影响百姓的耕作，军粮的运输负荷也会随之增加。这么做对国家来说是一种危机，这不是我田单所能用的方法。我听过的古代帝王，用不超过三万的兵力就能使天下屈服于他。然而将军却用十万甚至二十万的兵力，在这一点上，是我田单最不佩服您的地方。"

的确，从田单复国这件事来看，他打败燕军所用的兵力并不多，他自己心里也很满足。他觉得一战并不需要过多的兵力，三万足够。从田单的话中，我们也可以看出，赵奢在阏与之战中投入了十万到二十万的兵力。

对于田单的话，赵奢说："您不但对兵法不精通，也不擅于观察时势。您口中所说的古代的情况，和现在是有一定差别的。在古代，四海之内数不清的国家，城墙的长度有限，人口有限，而现在呢？天下在兼并中仅剩下七个国家，每个国家都能出动上万兵力。倘若照您说的，凭借三万人横扫六国，长时间持续作战，过不了多少年，这些人就不复存在了。当初齐国攻打楚国用了二十万兵力，整整持续了五年时间；赵国攻打中山，也用了二十万，也持续了五年。现在齐国和韩国敌对，双方都用了二十万兵力，难不成只需要出兵三万就能攻打下来吗？如今城墙很长，人口上万，您说只需要三万就能包围一座城池，我担心连城池的一角都包围不住。围城战是这个道理，野战三万兵力就更不够了，我想请问您要怎么才能做到呢？"

田单听了这话才觉得惭愧，说："我的见识和您真是没办法比啊！"

田单和赵奢在战国时期都是名将，但在军事上的看法怎么会有这么大的区别呢？齐国的军事思想和赵国相比还是差一些的。齐国在战国时期是实力强大的国家，但他的强大趋于保守。战国时期各诸侯纷纷开始变法，政治改革，而齐国却没有实行。

秦国商鞅变法，楚国吴起变法，魏国有李悝变法，赵国有胡服骑射。诸侯国在变法中都有着思想的不断进步以及打破陈规的创造性举措。然而田单的军事思想在当时还处在几百年前的古老时期。从认识度上，两人的差距很明显。这也是齐国在战国末期走向衰败的必然因素，而赵国的实力逐渐强大，成为能和秦国相抗衡的强国。

说点局外事

在一个寒冷的晚上，田单处理完朝中的政事，就乘车回安平城。当天下着鹅毛大雪，西北风瑟瑟地吹着，寒气逼人，风吹过树枝的声音发出尖锐的呼呼声，几只乌鸦在树上叫着，声音显得极度悲凉。田单的车从临淄的东城出来，到了河岸，寒风吹过来，他不禁打了个冷战，他立刻把衣服披好，突然他发现前方不远的地方有一个人正躺在道旁。

田单立刻叫车夫把车子停下来，他赶忙下车去看，发现是一个老人，身体单薄，蜷曲着身子，倒在了雪地上。老人衣衫褴褛，面部消瘦，还留着一缕雪白的胡须，面色暗黄，眼睛紧紧闭着。

田单赶忙俯身摸了摸老人的身体，身体已经开始发凉，只有胸口还有一点温热，鼻中还有一点微弱的气息。田单知道老人生命垂危，不能在此耽搁，于是立刻把自己的上衣解开，把老人的上衣也解开，双手抱住单薄的老人，用自己的体温为老人取暖，寒气直逼田单的胸膛。他把老人抱上了马车，并让车夫飞速驾车赶往安平城。

回到家之后，老人的身体才渐渐缓和了一些，脸上也开始有了血色，气息也渐强了。田单让家人照顾好老人，这位老人家在田单的帮助下活了下来。

田单在雪地里救人的故事在齐国广为流传，人们都称赞他，敬仰他，还把临淄城东淄河岸取名为"田单解裘地"，以此来表达人们对他爱民如爱子的崇敬之情。

最具才干且善于选贤的诸侯王——秦昭襄王

秦昭襄王是战国时期各诸侯王中最具才干的。赵武灵王只是在一味地发展国家的实力，而秦昭襄王却可以通过不断向外进兵的方式增强自身的实力，最后把六国教训了一通，让六国不得不向秦国俯首，即使是富国兵强的赵国也难逃厄运。

秦昭襄王刚继位不久，因为年纪尚小，所以由宣太后掌握着政治大权，但军事上的政务他也插手，并且由于身份的原因，他在朝中占据主导地位。包括讨伐楚国和俘虏楚怀王等，这些都是秦昭襄王的意思。毋庸置疑，这些命令的执行都要经过穰侯魏冉和宣太后的同意，宣太后和穰侯的权力很大，但他们并非为了自己能够拥有权力而不顾国家的安危，他们只不过是不希望秦昭襄王走一些崎岖的弯路，更不希望自己好不容易打下的江山被他人夺了去。因此，对于有利于秦国的战略，他们都会不假思索地举双手赞成。

秦昭襄王虽然年纪小，但他能把问题看得很清楚，他早就知道楚怀王不是一个有智慧且贤良的明君。因此他刚继位就对楚国实施强有力的打压，屡次进攻楚国，并且全胜而归，不仅从楚国那里得到了土地，扩大了自己的领土，并且让楚国对秦国俯首，依附于秦。从这以后，楚国对秦国恭恭敬敬。

自从张仪来到魏国，魏国上下就乱成一片，人心浮动，魏国迎来了一次低谷，不敢在秦国面前猖狂，魏国就这样一下子成了秦国的奴隶。但自从魏国的新君主继位之后，魏国就渐渐脱离了秦国，与其他诸侯国结交，并立下了盟约，联合起来一同向秦国发起了猛烈的攻势。秦国虽久经征战但士兵们的士气从未消沉，反而由于各诸侯国的攻击而士气高涨，对各诸侯国的联盟攻击誓死抵抗。秦国的英勇也是可想而知，秦军屡战屡胜，因此即使是各国联军来袭依然英勇作战。

为了秦国能够更加强大，秦昭襄王慧眼识人，封白起为大将，在这之后，战争不断发生。秦国为了抵挡魏、韩两国的军队，在伊阙之战中杀害了24万士兵，还抓住了魏国大将公孙喜。这件事对韩、魏两国来说打击是很大的，这场战争使得24万将士付出了生命，魏、韩两国付出了惨痛的代价。无奈之下，魏韩两国不得不向秦国请和，向秦国低头，俯首称臣。

从这以后，秦昭襄王变得越来越自负，他感觉秦国的实力已经强大到无人能敌的程度，眼里放不下任何一个国家，于是派使臣不远千里出使齐国，希望能和齐国的国君互称彼此为"帝"。

当时诸侯们都称自己为王，没有人敢自称为"帝"，秦昭襄王的做法是在向其他诸侯国炫耀、挑衅，告诉各诸侯国自己的地位胜人一筹。在秦昭襄王眼里，没有一个国家能够与之抗衡，他表现出来的狂妄让诸侯国难以承受。

秦昭襄王一再鼓动齐湣王，想要称帝，但他的臣子清楚其中的厉害，因此都不赞成。后来经臣子们一再劝说，秦昭襄王终于放弃了称帝的想法，但他称帝的决心不会动摇，即使孤立无援，也决心称帝。但称帝这件事，各诸侯王能够一言不发，置之不理吗？为了捍卫自己的地位和尊严，各诸侯国结盟伐秦，形成了强大的军事力量。他们准备给秦国沉重的打击，希望能够通过武力使秦昭襄王放弃称帝，打击他的野心。即便秦国实力再强，也未必抵挡得住六国联合的大军，在合力组成的强大对手面前，秦昭襄王只能暂时低头。

秦昭襄王最大的特点就是不讲信义，无论对谁都是如此。打败楚国以后，他就要求和楚国缔结联姻，但让人意想不到的是，他居然在楚国毫无防备的情况下给楚国致命一击，不仅得到了楚国的土地，还把楚怀王骗进了秦国，并把他终身监禁起来。

赵武灵王来到秦国，秦昭襄王得知了消息，立刻派人去抓捕。但这个时候两国还没有正面交锋，在古代有个说法：两国交战不斩来使，对待一个国家的君主就更要厚待了。当初孟尝君进入秦国的时候，怎么也没想到他是羊入虎口，他觉得秦国是个实力雄厚的国家，国君也是贤明之人，因此希望能够在秦国寻求施展才华的机会，想要借此实现自己的远大抱负。但他万万没有想到，秦昭襄王听信奸臣谗言，想要把他监禁起来，还要杀了他。后来孟尝君费尽心机好不容易脱离虎口，但秦昭襄王又派人抓捕他。孟尝君子在门客的帮助下才得以脱离险境。

再看赵国，秦国干过的不讲信义的事情就更多了，先是和氏璧这件事。秦昭襄王和赵国说好要拿十五座城换和氏璧，但最后却又反悔，不肯交出城池，只想得到和氏璧。十五座城是多大的一片疆土啊，秦昭襄王怎么舍得因为一块玉而搭上城池呢！后来秦国同赵国结为盟约，他趁机欺侮赵王，派军队跟在他后面，如果赵国没有防备，赵王可能会成为第二个楚怀王，也会死在他乡。

秦国之所以敢这么做，都是因为他具有强大的实力。虽然秦昭襄王是出了名的不讲信用，但秦国在他的统治下逐渐变得强大，六国不敢轻易侵犯，更不敢跟他作对。他善于用人，在与韩、赵、魏三军交战时他任白起为将，三军被秦军打得仓皇而逃，还将赵国的四十万将士斩杀，赵国经历这场战争之后承受了巨大的代价，从此以后国力受损，整个赵国都沉浸在兵败的悲痛之中，但也可以看出，秦昭襄王的确是一个极具才干和魄力的君主。

范雎投奔秦国之后，秦昭襄王很赏识范雎的才能，于是对他委以重任，并对范雎的远交近攻策略很是赞同。于是秦国对邻国大举进攻，每攻下一片土地都与本国的疆土接壤，邻国也毫无反抗的余地。

但是聪明人考虑得更多，因此就会有失算的时候。秦昭襄王太急于求成，想要在最短的时间内拿下赵都邯郸，但未能如愿。秦军吃了败仗，但这场战争并没有让他明白什么。后来秦国又攻打韩国，韩国实力薄弱，根本不是秦国的对手，但依然和秦军抗争到底，最后实在精疲力尽，选择投降。韩国遭受了十万将士被杀的损失，而这次讨伐韩国取得的胜利给秦昭襄王带来了些许安慰。

这一次发动进攻，周赧王得知了消息，于是便与燕、楚两国诸侯王商议结盟联合伐秦。但是这件事却被秦昭襄王知道了，于是他决定连同周室一同消灭。

这个时候的周室国力都不能和宋国相比，可以算是一个气数已尽的国家。秦昭襄王想消灭周室的念头已经不是一天两天了，只是因为没有一个好的理由，这次秦昭襄王一定会抓住机会，准备发动进攻。

面对秦国这么强大的敌人，周室自然轻而易举就被秦军攻下了。对于周赧王，秦昭襄王没有像从前那样做，他派军队俘虏了周赧王，但不久就把他释放了。周赧王年事已高，身体虚弱，秦昭襄王不需要杀掉他，秦军又夺得了胜利果实，占据了周室的土地，从此周朝渐渐淡出了人们的视线。仅仅过了一年，周赧王就郁郁而终，周朝也因此不复存在了。

秦昭襄王灭周的那个时期，秦国的实力达到了顶峰，秦国在各诸侯国中占据霸主地位，没有一个国家能够与秦国相比。加上秦国所在的地理位置，六国联盟伐秦，也没有必胜的信心，也不能从中得到好处。周室被灭的五年以后，秦昭襄王去世。

局势分析

回首秦国历代的君王，秦昭襄王在位时间最长，从之前几位秦国君王来看，秦昭襄王的统治时间比孝公、武王和惠文王加起来的时间还要长；从之后的几位君王来看，他超过了孝文王、庄襄王和秦始皇统治时间的总和。

秦昭襄王有很强的政治和军事才能，他在位期间建立了许多功勋伟绩，尤其是军事上获得了卓越的成绩，他的才能和功绩可以和秦始皇相提并论。他慧眼识人，器重范雎和白起等人，秦国在他的统治下国力兵强，为秦国的历史画上了更加绚丽的一笔。在秦昭襄王时期，秦国在战国时期几乎达到了巅峰。

史学家翦伯赞说，在秦昭襄王统治末期，秦国和六国的争斗几乎已经有胜败之分了。虽然他在晚年专制独裁，损失不断，听信了应侯范雎的话，丢掉了攻击赵国的最好时机，还冤杀白起，但他的这些错误都无法掩盖住他创下的功绩，更无法掩盖在当时的背景下秦国各方面都在不断向前飞速发展的事实。秦昭襄王时期和孝公时期、秦王政时期在历史上都成为重要的时代。

说点局外事

宣太后有一个男宠叫魏丑夫，在宣太后即将去世的时候，下令让魏丑夫做自己的陪葬。魏丑夫听说了这个消息之后非常害怕，于是找来庸芮向太后游说。庸芮问太后："人死去之后能够感受到人世间的事吗？"太后说："不能。"庸芮接着问："如果人在死后不能感受到世间的事情，那么您为什么要让自己心爱之人陪自己一起死呢？如果说去世的人也能感觉到世间的种种，那先王一定因为太后您出轨的事情怨恨您了，太后您应该弥补过失，怎么还会和魏丑夫有私情呢?"宣太后听了庸芮的话觉得很有道理,于是就收回了当初的成命。

宣太后在公元前265年十月去世,宣太后病逝后埋葬在了芷阳骊山。

触龙说赵太后

公元前266年,赵惠文王去世,太子丹登基继位,称为赵孝成王。孝成王年纪尚小还没有能力处理朝政,于是太后赵氏出面掌管了赵国政权,加上蔺相如、廉颇、平原君等一大批对朝廷忠心耿耿的大臣尽心辅佐,赵国仍旧可以向前发展。

虽说赵国没有受到太大的影响,但毕竟缺少可以在关键时刻主持大局的人,国家的发展明显慢了下来,加上国人正沉浸在悲痛中,防卫意识较差,致使别国有机可乘。

秦国看出了赵国目前情况堪忧,因此趁机发兵攻打赵国,并先后夺取赵国三座城池。眼看赵国陷入了极为危险的境地,有大臣向赵太后提出建议说,可以向齐国求助,只要两国联合肯定能击退秦国的攻击。

因此赵太后急忙命人出使齐国,并提出了联合抗秦的请求。当时齐国的君主齐襄王已经患了重病,政事全部交给君王后负责。君王后是一个办事十分谨慎的人,考虑到齐襄王病重,国家经不起重大的打击或者蒙受一点损失,但是赵国一向同齐国交好,如果不救势必会使两国反目成仇,这对以后的发展十分不利。思来想去,君王后最终表态说,齐国可以发兵救赵,但是赵国必须答应齐国一个条件——将长安君送到齐国当人质,直到击退秦军为止。如果赵国不同意,那齐国就绝对不会派出一兵一卒。

长安君是赵太后的小儿子,从小聪明伶俐又勤奋好学,很受赵太后的喜欢。这次齐国以长安君做人质为条件来威胁,赵太后内心十分不悦,她更多的是担心长安君的安全。

大臣们都知道赵国这次能否平安脱险全靠齐国的救援,因此,他们开始在大殿上你一言我一语地劝说赵太后同意这个条件。但不论大臣们怎样劝说,赵太后就是坚决反对,到最后赵太后一气之下下了一道懿旨:任何人不准再提长安君到齐国做人质的事，否则要严厉处置。之后愤然离开大殿。

赵太后离开之后，大臣们并没有结束讨论，他们深知事情的严重性，长安君是否能去齐国直接关系到赵国的生死存亡。但赵太后爱子心切不同意齐国的这个条件也是情理之中的事，一时间，头脑灵活的大臣们也到了束手无策的地步。

老臣触龙是一位德才兼备的人，赵太后很欣赏他的才华，如果触龙出面劝说的话赵太后可能会听进去，因此大臣们一致推荐触龙去试一试。触龙知道事情紧急，拖延一天赵国的危险就加重一分，因此他没有推卸这个艰巨的任务，马上进宫求见赵太后。

赵太后正在宫中生闷气，听到有人来报说触龙求见，心里很是不快，本想不见，但考虑到触龙是赵国的老臣，一直为赵国兢兢业业地打理事务，加上赵太后十分敬佩他的才华，因此最后还是决定见触龙。

触龙缓慢地走到大堂上，对赵太后行过君臣之礼后，用充满歉意的语气说："老臣年纪大了，加上最近腿疾复发，走路的速度有些慢，因此这段时间一直没来给您请安，但是老臣心中对太后十分挂念。最近国事繁重，太后必定十分劳累，不知道太后的身体是否硬朗，所以今天特地过来看望您。"

赵太后本以为触龙是因为长安君那件事来劝说自己的，所以早就想好了说辞，没想到触龙并没有提起那件事，相反还询问自己的身体状况，因此减少了防备之心，对触龙说："我身体还好，只是年纪大了，有一条腿也走不快了，每次出门都只能依靠马车。"

触龙又问道："太后在饮食上还可以吧？"

赵太后回答说："最近国事过多，压力很大，每顿饭只能喝一点粥。"

触龙说："老臣也经常没有胃口，什么都不想吃，但是不吃饭身体会坏得更快。于是老臣就想着通过锻炼来让自己身体好一些，便每天都强迫自己走上几里路，全当散步了。"

赵太后说："这一点我没有你做得好，我是完全做不到的。"

这样一来二去，两个人渐渐拉起了家常，赵太后脸上的怒气也渐渐消退了，气氛得到了有效地缓解。触龙见赵太后已经完全放下了对自己的防备，认为劝谏的机会已经成熟，便话锋一转讲起了自己的小儿子。

他说："老臣有一个小儿子，名叫舒祺，虽然生性顽劣，但私下里老臣却对他最为疼爱。因为他的才华并不突出，我十分担心他的前途，因此想向太后您代他求个情，请求太后在将来能允许他进宫谋个一官半职。他功夫尚可，就算当一名宫廷侍卫我也心满意足了。"

触龙对儿子的疼爱引起了赵太后的共鸣，赵太后问道："根据您的年纪推算，您的小儿子年纪还不大吧。"

触龙回答说："他今年刚刚十五岁，虽然这个年纪就为他考虑以后的功名问题有些早，但是老臣年纪大了，现在他还能够依靠我，但世事难料，说不定哪一天我就不在了，所以趁现在能帮他的时候帮帮他。"

赵太后听完以后笑了，问道："天底下都是母亲爱孩子多一点，你们男人也这样疼爱自己的孩子吗？"

触龙回答说："父亲对孩子的疼爱要比母亲深得多。"

赵太后说："做母亲的最疼爱的便是小儿子了。"

触龙见这个话题已经引起了赵太后的兴趣，便尽力将焦点转移到长安君身上，他说："我认为，相比长安君，您更疼爱燕后。当年燕后出嫁时，您哭得很伤心，虽然想念她，但每次祭祀您都向神灵祈祷她不要回来，您这样做不就是希望她能一直在燕国，让她的子孙也能建功立业吗？"

赵太后说："您说的很对。"

触龙继续说道："您回想一下，从赵国建立到现在，当初被封为侯的人现在还有子孙活着吗？其他国家在建国初期被封为侯的人现在还有后人吗？"

赵太后想了想回答说："没有。"

接着，触龙很有感触地说："灾祸迟早会到来，如果不提前做好长远打算的话，不但自己会因此受害，就连自己的子孙也会因此受到牵连。难道王室的后代不如别人吗？当然不是这个样子，是因为他们并没有建立功勋，并没有让其他人佩服的地方，只享受荣华富贵却一事无成。现在您为长安君提供了优越的条件，赐他钱财和土地，却偏偏不给他为国效力的机会，您这样做不是爱他而是在害他。如果百年之后您驾鹤西去，长安君又凭什么在赵国立足呢？所以，老臣觉得您并不爱长安君，因为您没有替他做长远的打算。"

听到这里，赵太后幡然醒悟，意识到如果不同意长安君去齐国就相当于断送了长安君之后的前程，于是她改变了主意，决定将长安君送到齐国。

为此，触龙特意为长安君准备了百余辆马车，派人将长安君平安送到齐国。齐国见长安君甘愿过来当人质，也履行了承诺，派兵增援赵国，两国共同将秦军击退，解除了赵国的严重危机。为了表示对齐国的感谢，赵国还将三座城池当做礼物送给了齐国。之后，赵太后命人将长安君接回赵国，母子团聚。

局势分析

触龙之所以能说服赵太后，是因为他采用了"迂回战术，巧妙救国"的游说方法。

在其他大臣七嘴八舌劝说赵太后的时候，触龙并没有表态，这在无形中给赵太后留下了较好的印象，以为触龙同她一样是不同意将长安君送去齐国的。

触龙进到王宫面见赵太后时，并没有直言相劝，而是巧妙地用拉家常的方式消除了赵太后对他的防备，然后由自己的小儿子出发渐渐将话题引到父母应该为子女做长远打算的话题上。接着触龙又将赵太后对燕后和长安君的疼爱程度做了对比。

最关键的是，触龙用赵国和别国侯王之后再无继承人的事实劝谏赵太后，让她意识到拒绝让长安君去齐国这种做法不是爱他而是在害他，是在断送他以后的前程，这样一来赵太后很容易就意识到了问题的严重性，并最终同意了齐国的要求。

触龙成功说服赵太后不但使赵国从危难中解脱出来，而且也帮助长安君建了功名，更让后人意识到怎样爱孩子才是在真正地帮助孩子成长，为后人教育子女、为人父母起到了一定的启示和借鉴作用。

说点局外事

触龙说赵太后这个例子在历史上很有名，现代心理学称触龙当时所用的策略和作用为"自己人效应"，意思就是让对方觉得自己和他是站在一个战壕里的，是"一伙儿人"，用这种方法可以使自己和对方的距离拉近，还能让对方更加喜欢你，当然也会更愿意接受你的建议。

经常用到的就是在话语中不断强调自己和对方的共同点，或者共通点。比如想要去外地把自己推销出去，或者推销一些东西，就要融入当地的口语和文化中。就像打招呼要以唱歌的形式表达出来，入乡随俗这是我们大家都知道的，这在当地也是最容易被人接受的方法。触龙就是凭借这一点，将自己和赵太后看作是同样年龄和身体状态的人，对其饮食不变和最疼爱的小儿子的想法入手，使自己与赵太后能够找到共通点，这种"共鸣"对触龙说服赵太后发挥了重要的作用。

之所以说是说服，是因为两人的意见不同。想要让对方接受自己的意见，不要以对立的形式呈现，而是应该和他站在一起，帮他分析，站在他的角度说话。

远交近攻上篇：范雎与魏国的恩怨

在屈辱面前，显然生命更重要。

想要成功，先得活着，只要能生存下来就还有一丝希望。这个道理今天的我们懂，过去的古人自然也懂。范雎就曾经历了常人难以忍受的屈辱，死里逃生，后来终于成为秦王的客卿，才华得以施展。

范雎是战国时期魏国人，出身贫寒，凭着过人的才智，他学得了一身的真本领。与许多出世的人不同，他有着浓厚的从政热情，想要用自己的微薄之力报效国家。但由于身份卑微，他没有资格面见魏王，为此不得不暂时投靠魏国的中大夫须贾，做了他的门客。

然而人中之龙，终是难掩光华的。一次，魏昭王下令命须贾出使齐国，须贾带领范雎一同前去，而这次出行就成了他一生重要的转折点。

范雎的口才很好，思维也比常人敏捷很多。此次出使齐国，正值齐襄王即位，齐国的实力日益雄厚，因为魏国曾参与五国联军攻打过齐国，还逼死了齐湣王。魏王害怕齐国在这个时候实施报复，于是派须贾来缓解两国的紧张关系。怎知须贾软弱无能，齐王严肃的质问就让他变得紧张兮兮，半天答不上话。就在这个紧要关头，范雎站了出来，指出齐湣王治理国家的过失，他说："齐湣王骄傲暴力，且和五国都结下了恩怨，怎么能说只有魏国呢？如今大王您贤明盖世，应该重整旗鼓，振兴国家，如果还为齐湣王的恩怨纠缠不清，只知道责怪他人而不知道自己的过错，恐怕要走齐湣王的老路了。"他说的这一番话不仅使齐王顿时散了怒气，还让齐王对魏国的使者刮目相看。

齐王很欣赏范雎的能言善辩，他鞭辟入里的雄辩触动了齐王，于是齐王主动派人劝说范雎为齐国效力，并许诺会以客卿相待。范雎本着对本国的热忱，婉言拒绝："臣与使者同出，而不与同入，不信无义，何以为人？"在群雄并起的年代，君王对贤能的渴望异常迫切，并且他们不仅爱才，同时也表现得很惜才，这样才能让更多的有识之士前来投奔。齐襄王听到范雎如此说，并没有再强求，而是特意赏赐给范雎十斤黄金、牛肉及上等的好酒，表达自己对魏国使节的敬重之心。

范雎虽然婉言拒绝了齐王的恩惠和聘请，但却让须贾产生了嫉妒之心。在之后的日子里，须贾若有所思，再没有心思谈论齐国的事，而是将目光放在了范雎身上。

二人回国后，须贾向魏齐上报了出使的情况，他不但没有称赞范雎在齐国高风亮节的出色表现，反而污蔑范雎收受齐国贿赂，透露了魏国情报。魏齐听后大怒，立刻命人对范雎严刑拷打，并叫人用破旧的草席把伤痕累累的范雎裹起来扔进了茅厕，然后指使在宴会上饮酒的宾客，相继去茅厕撒尿，并说这样做是在警告那些卖国求荣的人。

在须贾煽风点火的言辞下，众人都认为这是羞辱叛徒、谄媚魏齐的好机会，于是每当有人如厕，就往范雎身上撒尿，还故意哈哈大笑、出言讥讽。体无完肤的范雎忍受着身体之痛，承受着肌肤之辱。我们无法猜想当时的他在想什么，但我们知道的是，他没有因此心灰意冷，更没有轻生，他的选择是——活下去。

隐忍是一门很高深的学问，但需要有一种动力做支撑。对于当时的范雎来说，这种动力就是"生逢乱世，大丈夫当有所作为"。

范雎说服了负责看守的人，并求他帮自己逃过这一劫。为了不被发现，看守让范雎装死，并在夜间偷偷把范雎的尸体运了出去。

之后的一段日子，范雎在朋友郑安平的帮助有了栖身之所，开始了一段隐姓埋名的生活。为防不测，郑安平让范雎的家人假办了葬礼，又为范雎改名换姓。一系列的事宜安排妥当之后，魏齐才相信范雎已经死了。

就在范雎忍辱求全，隐姓埋名于民间时，秦国派使者王稽出使魏国。郑安平也抓住了这次机会，把范雎引荐给王稽，王稽很欣赏范雎能言善辩的才华，于是把范雎和郑安平都带回国。范雎很快就得到了秦昭襄王的赏识，并被提拔为客卿。

范雎在秦国算是找到了用武之地，秦王对他十分恭敬。他身为丞相，尽心辅佐秦王，还为秦昭襄王提出了"远交近攻"的外交政策和"强干弱支"的治国方针。当时秦国的实力已经非常强大，兵强马壮，经济和军事方面都有很大的提升，在范雎的辅佐下，加强了中央集权，为秦国日后统一六国奠定了坚实的基础。

远交近攻下篇：了结恩怨，助秦称霸

范雎虽然获得了秦昭襄王的信任，但由于是刚刚开始参与秦国朝廷的议臣，他不敢深入地涉及内政问题，只参与商议一些外交事宜，来获得秦王的赏识。不久之后，范雎有一次觐见秦昭襄王，他先从秦国的优势开始分析，他说："秦国兵力强大，没有一个国家能够比得上。秦国有数百万的雄兵，上千乘战车，兵力无人能敌。凭借秦国将卒的勇气，车骑的众多，想要治理各诸侯，就如同强犬博兔。但如今反而闭锁函谷关大门，不敢向东方诸侯用兵，这是秦国大臣的计策失算了"秦昭襄王对他说出的肺腑之言感到欣慰，但是内心难免会有一种危机感，因此范雎话音还没落，秦昭襄王就打断了他的话："我倒想听听秦国失算在什么地方。"范雎接着说："臣听说穰侯魏冉想要越过韩、魏两国攻打齐国的纲寿，这不是一个好的计策啊！出兵少不足以伤到齐国，出兵多对秦国没有好处，大王不如采取远交近攻的策略，所得的一寸一尺都是您的土地。如今大王您采取远攻，是不可取的。"

范雎为秦王举例分析政治局势时说："从前，齐国讨伐楚国，赢得了胜利，楚国连续两次都割地上千里，结果齐国却一寸土地都没有得到，是齐国不想得到土地吗？非也，是当前的形势不允许齐国获得土地。各诸侯都知道齐国常年在外作战，把国家拖得精疲力竭了，于是便联合到一起，共同讨伐齐国。结果怎样？齐军惨败，成了全天下的笑柄。齐国的下场是可想而知的，因为它攻打楚国，而使楚国的邻国韩、魏两国坐收渔翁之利。就好比给强盗兵器，给小偷物资啊！如今大王不愿攻打邻国却讨伐距离较远的国家，这难道不是错误的决定吗？除此之外，中山这个国家，五百里土地都被赵国吞并了，所得的利益就是赵国的，没有哪个国家能动赵国一丝一毫。依照地形来观察，韩国和魏国都是交通要塞，是重要的枢纽地带。如果大王想要称霸天下就要亲近这个重大枢纽，这对楚国和赵国来说无疑是一种威胁。倘若赵国变得强大了，楚国就会亲附秦国，楚国强大了，赵国也会来亲附秦国。所以当楚国和赵国都来亲附秦国，齐国的势力将会受到威胁，它如果害怕就必然带着厚礼亲附秦国。如果齐国都亲附秦国了，韩国和魏国被攻破就指日可待了。"

不仅如此，范雎为了完善这个策略还拟定了详细的实施计划：首先，给韩、魏两国一个致命打击，先扩大秦国的势力；其次，以北谋取赵国，以南谋取楚国，扶持弱小的国家，抵御强大的敌人，夺取处在中间地带的城池，遏制各个国家的发展；再次，待到韩、魏、赵、楚都依附秦国之后，联合五国威逼距离最远的对手齐国，让他避开与秦国争夺；最后，当实力能够使各国臣服，最后将韩、魏等国一一消灭，一统天下。

范雎为秦王献计，提出"远交近攻"的策略，这个战略思想不仅对秦国兼并六国奠定了坚实的基础，对后世的影响也是重大而深远的。他的战略思想在中国的政治和外交思想上发挥了重大的作用。

秦昭襄王听后非常高兴地说："我知道自己的使命了。"

当秦昭襄王问道："我想要和魏国结盟，但是魏国并不是一个可以稳定结交的国家，它的反复无常让我没办法以友好的方式亲近，那我怎样才能和魏国缔结友好的同盟呢？"范雎回答说："用厚礼侍奉它，如果不行，就割地贿赂，如果还是不行，那就出兵攻打它。"

于是，秦国向魏国出兵，攻打邢丘，攻下之后，魏国就向秦国谈和依附。范雎对秦王说："秦国和韩国在地形上相互交错，不如先将韩国收服。对

于秦国来说，韩国就是心腹之患。如果有一天发生了战事，韩国将是危害秦国最大的国家。"秦王觉得范雎言之有理，便追问："我想要收服韩国，倘若韩国抵抗怎么办？"范雎胸有成竹地说："向韩国的荥阳发动进攻，阻断成皋的道路，打断通往太行山的小路，一旦进攻，韩国的增援军无法南上，如果能够攻下荥阳，那么韩国势必会被分为三个部分。死到临头，它会选择不服从吗？只要收服了韩国，秦国称霸就一定会成功。"秦王听后很高兴，连声称妙。

秦军出兵韩国，占领了韩国的少曲、高平等地，韩国的一半版图都被秦国收服，韩国的上党地区变得孤立无援，秦军乘胜追击，对韩国施加压力，使韩国屡受重创，地位岌岌可危。然而秦国的实力在逐渐增强，无论是人力、物力还是财力上，都在战争中获得了巨大的补偿，因而它在不断加速成就霸业的步伐。

随着秦国军事实力的不断增强，范雎在秦国也占有举足轻重的地位，秦昭襄王越发赏识他的才华。后来，为了辅佐秦王加强王权，范雎又推行了"强干弱枝"的治国方针，对朝中内政实施了变革。

他对秦王分析了当前秦国内部的政治局势："穰侯、高陵君、华阳君和泾阳君势力不断扩张，太后垂帘听政、独断专行，秦王的权力被削弱，国家都在这四个人的掌控之下，权力四分五裂，内政处理不好，国家迟早会因此沦陷。而秦国太后和穰侯掌权，高陵君、华阳君、泾阳君里应外合巩固着他们的地位，导致外人不知道秦国还有王，我在朝廷之上早已感受到大王的孤立，现在的局面是何等的危险，恐怕日后主宰秦国的政权可能会落在旁人手里了。"

范雎对秦国皇权政治的分析让秦昭襄王不禁打了个冷战，于是他在范雎的辅佐下夺取了太后手中的大权，采取了"强干弱枝"的政策。范雎为秦国做出了巨大的贡献，秦王对他更是恭敬万分，他对范雎说："齐桓公得管仲，尊称他为'仲父'，如今我也得到了您，也要称您为'父'。"

范雎为秦国付出了汗马功劳，秦国能够成就霸业也是因为采纳了他的战略思想，范雎深得秦王宠信。范雎是一个恩怨分明的人，"一饭之德必偿，睚眦之怨必报"，郑安平和王稽对他有救命之恩，他都尽自己所能一一回报了，然而范雎和魏齐的恩怨只能用生死了结。

身为秦国的宰相，范雎的权力很大，但他想要杀掉魏齐，这是个人的恩怨，并非公仇。他辅佐秦昭襄王推倒了太后和魏冉，使秦王能够独掌大权，秦王得到了实权，为了回报范雎，他要杀掉魏齐，为范雎报仇。

秦国欲出强兵攻魏，魏国自然惶恐，派出一个使臣到秦国请求和解，巧的是这个使臣就是当年污蔑范雎，让他承受茅厕之辱的须贾。范雎此时早已改名换姓为张禄，所以须贾只知道张禄是秦国的相国，绝对想不到就是当年的老仇人。

范雎知道须贾要来，就故意换了一身破旧不堪的衣服，身边也没有带随从，他找到了须贾。须贾看到大惊失色，忙问："范雎，你过得怎么样？"范雎垂着头低声说："勉强活着吧！"须贾接着问道："你想到秦国游说吗？"范雎说："没有，我自从得罪了魏国的相国之后就逃到这里，哪有胆子再回到政治场上游说啊！"须贾问："那你现在都在做什么？"范雎回答："给别人帮帮工。"

不知是不是祖上积德，须贾竟油然而生一股同情之心，于是让范雎留下吃饭，还语重心长地说："真没想到你竟然贫苦到如此境地！"说罢便送给他一件上好的丝袍。

饭过三巡，须贾又问道："秦国有一位相国叫张禄，你知道吗？"范雎回答："我现在的主人和他的关系很熟，我也只是见过他，应该能够想办法带你和相国见上一面。"须贾说："现在我的车坏了，马也病了，不能乘坐大车，我怎么出门。"范雎说："我能和我家主人借一辆车给你。"

到了第二天，范雎亲自把四匹马的大车赶过来，把须贾送到了相国府。刚刚进入相国府，府里上上下下的人都避开了，须贾对此觉得很奇怪。进入相国府的大堂，范雎说："你在这里稍等一下，我先进去替你通报。"

须贾在门外一直等，见范雎进去好长时间都没有出来，于是就问看守的人："范先生怎么还不出来？"看守的人回答："这哪有什么范先生！"须贾诧异地说："刚才带我进来的那个人不是范先生吗？"看守的人说："那是我们的张相国。"

须贾一听，顿时吓坏了，这才知道自己上当了，于是他脱下上衣露着后背，请看守的人带他进去请罪，范雎坐在大堂之上，身边有很多侍从。

须贾跪走到范雎面前，说道："小人卑贱，没想到大人能置身于如此高的地位，小人枉称自己是有识之士，不敢再和您谈论天下大事。小人的罪过足以致死，我恳请您把我流放到偏远的地方，但凭处置！"

范雎问道："你犯了几次罪？"

须贾说："我的罪过比我的头发还要多。"

范雎气愤地说："你有三大罪过：我生在魏国，长在魏国，直到现在我的祖坟也在魏国，我一心向着魏国，而你却污蔑我向齐国透露机密，这是第一大罪。当年魏齐把我扔进厕所让众人羞辱我的时候，你并没有阻止，这是你犯的第二大罪。不仅如此，你还趁着喝醉往我身上撒尿，这就是你的第三大罪。如今我不把你处死，是因为昨天你送给我一件丝袍，念你还有一丝旧情，我就把你放回去，但你要转告魏齐，最好赶快把自己的脑袋送过来，不然的话，我就要发兵攻下魏都，以血洗城！"

这个时候的秦国兵力强盛，无人能敌，而范雎身居高位，备受重用。魏齐听到这个消息吓得四处逃窜，但是楚、赵等国都畏惧秦国强盛的兵力，没人敢收留他，最后无奈之下魏齐自杀身亡。

局势分析

范雎是著名的军事谋略家和政治家，他的才华毋庸置疑，但在当时的情况来看，范雎能经受茅厕之辱是因为他足够深谋远虑，同时他的远大理想也让他不甘于此。如果不能忍受下去，他满腹的才华和抱负也都付之东流了。

可能有人会重新审视这场祸端的原因，范雎作为须贾的门客，难道不知道须贾心胸狭隘、嫉妒心极强吗？为什么还在须贾面前向齐王显露雄辩的才华呢？这就要从范雎当时的生活背景说起了。

范雎出生时，范氏家族已经没有从前显赫的地位了，一家人都过着一贫如洗的生活，在这样的环境下成长的范雎，纵然有鸿鹄之志也没有条件游说列国的诸侯。假如有施展才华的机会，他一定牢牢把握，后来投靠中大夫须贾做门客只是他向上攀爬的一个阶段。

然而为何他甘于投靠在没有水准且心胸狭窄的须贾门下，而拒绝齐王的赏识呢？这和当时的文人风骨有很大关系。战国群雄割据，而能人往往以贤者自居，如果他先时不在魏国效力，那么他入齐国可谓是一展宏图。但彼时他以魏国使者身份觐见，如果答应齐王邀请岂非成了见利忘义的叛徒？要是如此，他头角峥嵘之后也几乎会引来杀身之祸。

为什么后来范雎从魏国逃出来的时候不去投奔齐王呢？虽然他本想一心为魏国效力，但须贾污蔑他心向齐国，假如后来他离开魏国投奔齐国，须贾在魏王面前的污蔑便顺理成章，他也再没正名之可能。

其实在春秋战国时期，盛行"择主"之风，爱国观念并不明确，"朝秦暮楚"是人之常情，有识之士都在择主。当时政治场上的许多风云人物，如张仪、乐毅、苏秦、李斯、商鞅等人，都是通过"择主"之后才功成身就，垂名千古。所以范雎没去齐，反而入秦，也和他的择主观有很大关系。

择主是一门学问，每个有才华之人的择主际遇各有不同，最理想的便是君臣之间能够志同道合。但也有它的局限性，择主具有依附性，选择在你，用与不用在君王，如果辅佐的君主有一天死亡或者沦为阶下囚，他曾经所能给你的也就由此终结，你也可能再无法角逐在政治舞台。

范雎在魏国的失败已成定局，他当时急于翻身的念头异常强烈。与其去齐，不如去秦，一步到位，干就干票大的。他看到了秦国强大的实力，秦昭襄王也算是一代明君，在当时列国纷争的大舞台上，他知道只有依仗秦国才能实现远大的政治抱负。

天可怜见，最终范雎得到了入秦的机会，并获得了秦昭襄王的信任。范雎选择了秦昭襄王是他择主的际遇，也是因为他能够深谋远虑。他尽心为秦国效力，秦国的政治环境有了崭新的局面，呈现出大好的态势。

有人会说，范雎之所以尽心尽力辅佐秦王，是因为他把自己的个人恩怨强加到了国家利益之上。事实上并非如此，他和秦王说得很明白，与魏齐的恩怨必然是要你死我活，而且复仇之心也得到了秦王的支持。

范雎在政治上推行"固干削枝"的战略方针，致力于确立和强化秦国中央集权制度，推动封建割据势力的走向，为建立大一统的王朝而努力，这不仅是对秦国中央集权制度的加强，更是成就霸业最关键的一步，这在历史进程中是一次重大的变革。

"远交近攻"是秦国军事所实行的重要策略，这个策略的执行使得秦国从困窘的局面挣脱出来，打破了当时军事上的困局，这也标志着秦国新的发展时期的诞生。这个策略在当时的影响巨大，对中国军事的发展也发挥了重大的作用，即便是在现在，这个策略依然充满着远见和绝妙的智慧，是一项很了不起的贡献。

说点局外事

自从长平之战以后，白起本想着能够乘胜追击消灭赵国。后来秦国又一次平定了上党地区，秦军兵分两路：一路在王龁的率领下攻打皮牢，另一路在司马梗率领下占领太原。然而白起带兵攻打赵国，眼看就要插上胜利的旗帜了，他想要将邯郸围攻，韩国和赵国知道后都毛骨悚然，派人将重金送给秦相范雎说："白起想要擒拿赵括，包围邯郸，赵国一旦灭亡，秦国就能称霸，白起作为秦国的大将也理所当然能够被封为三公，他为秦国攻下七十多个城池，向南平定鄢、郢、汉中，向北擒拿赵括的军队，即便是周公、召公、吕望的功绩也不能超过他。倘若现在赵国灭亡了，秦国称霸，白起势必封为三公，在治理国家的政策上您付出的不比他少，您愿意地位在白起之下吗？即便您不愿在他之下，也没办法。秦国曾经攻打韩国，包围邢丘，孤立上党，上党的百姓都跑到了赵国，天下的人不愿意成为秦国的百姓很长时间了。如今灭掉赵国，秦国扩大了疆土，以北到燕国，以东到齐国，以南到韩魏，但是来到秦国的百姓却没有多少。倒不如威逼韩、赵两国割地归顺，不要让白起获得消灭赵国的功勋。"于是范雎就以秦兵屡战而疲倦，需要休养为由，向秦王提议让韩、赵两国割地求和，秦王同意了。韩赵均割地求和，秦军休兵。白起听说了这件事之后，从此就和范雎结下了仇怨。

就在这一年的九月，秦国再次起兵，派五大夫王陵攻打赵国邯郸，就是后来的邯郸之战。这个时候正好赶上白起申请病假，不能下床走动。第二年的正月，王陵在攻打邯郸的战争中进行得不太顺利，于是秦王立即派重兵前去，但援军还是来得太晚，导致王陵损失了五名校尉。后来白起久病痊愈，秦王就命白起为将，负责攻打邯郸，白起对秦王说："想要攻破邯郸并非易事，况且诸侯国派援兵救助，发兵一天就能到。诸侯怨秦已久，如今秦军虽然攻破了赵国的军队到了长平，但伤亡损失严重，国家心力衰微。我国的军队隔着河山争夺别人的城池，倘若赵国在内应战，而各诸侯在外围策应，那么一定能攻破秦军。所以不能向赵国发兵。"因此，就算秦昭襄王亲自下令都行不通，只得派范雎前去，但白起总是以生病为由拒绝。

秦昭襄王又派王龁为将，代替王陵攻打邯郸，但还是屡攻不下。楚国派春申君和信陵君率领精兵十万去攻打秦军，这一战，对秦军来说可谓重创，秦军损失惨重。白起听到这件事后说："当初秦王就因为不听我的计谋，现在怎么样？"秦王听了之后龙颜大怒，令白起即刻出兵，白起称病拒绝，范雎再三请求下白起依然不去。秦王对此很愤怒，一气之下罢免了白起的官职，直降为士兵，贬到了阴密。

白起生病，没有出行。他在咸阳连续住了三个月，在这期间，诸侯不断向秦国发动战争，秦国节节败退，参战将领纷纷告急。秦王派人把白起送走，不让他留在咸阳。于是白起离开了咸阳，转到了杜邮，秦王和范雎同朝中的大臣谋划商议，认为白起此次被贬，心里肯定不服气，有满腹的怨言，还不如将他处死。于是秦王下令派使者带着宝剑前去，命令白起自裁。白起拿起宝剑自刎前仰天长叹："我有什么罪过，老天为什么让我有如此下场？"许久，又说："我该死，长平之战，赵国的兵卒有数十万人归降，我却把他们都扔进了坑中杀死，这个罪过足以致死。"于是便举剑自刎了。白起的死并不是因为他有罪，亲人都很同情他，乡里的百姓们也都为他祭祀。

能够善始却不能善终，白起因为看重功绩而遭到猜忌，最后被自己人进谗而死。

儒学的辞赋之祖——荀子

在《史记》中有关于荀子生平的记载，荀子五十岁到齐国游历，齐襄王在位时期，因为他学问高，曾经三任稷下学宫的祭酒。

荀子很早的时候在燕国参与政务，当时燕王听信奸臣谗言，于是效法了

尧舜时期的禅让制，王位就被手下的臣子夺走了。荀子对此很愤怒，几次向燕王上书都没有被重视，燕王的固执让荀子倍感失望，于是决定离开燕国。这一走就是二十多年，他再次出现时是在稷下学宫，那时候他已经五十多岁了，他的才华才开始表露出来。

当时，齐国奸臣作乱，诬陷荀子，无奈之下，荀子离开了齐国，投奔了楚国。他离开没多久，燕国将领乐毅率燕、赵、韩、魏、秦五国联合攻打齐国，一直攻到了齐国的都城，齐国差一点就灭亡了。

公元前279年，齐国大将田单率领军队攻打燕国，一举收复了曾经被夺走的土地，将齐襄王迎回了临淄。齐国富国之后，齐襄王吸取战败的教训，对稷下学宫格外重视。就在这个时候秦国大将白起攻打楚国，楚国上下一片混乱，因为不适合留下来继续游学，所以荀子又回到齐国，参与稷下学宫的重建。渐渐地，荀子成了稷下学宫的领导者，这也是他人生最辉煌的阶段。

公元前255年，楚春申君任荀子为兰陵县令。但有人觉得荀子在楚国，对楚国来说是个巨大的危险。因此荀子自行辞去官职离开了楚国，一个人去了赵国，荀子来到赵国很受赵王的赏识，被封为上卿。

后来楚国担心荀子在赵国会对楚国产生威胁，于是派人到赵国请荀子回来，荀子重新回到了楚国，春申君再任他为兰陵县令的职务。公元前238年，荀子辞官告别了朝堂，没过多长时间就去世了。

在中国历史上，荀子是第一个创造出用赋名和问答的形式来写赋的人，他和爱国诗人屈原并称为"辞赋之祖"。

荀子曾去过秦国，认为如果他在生前就建立起了名望，世世代代的人都会敬仰他的恩德。之后他还去了赵国，在那里和临武君讨论沙场用兵的计策。最后他在楚国辞世。荀子有两个得意弟子，是战国时期的思想家和政治家李斯和韩非。但让人遗憾的是，荀子遭受到许多文人志士的学术批判，因此在后世中他留下来的著作并不多，只有唐代杨倞曾为他编纂了《荀子注》，到了清朝才开始出现一大批人为荀子编著。

《史记》中有记载，李斯在辅佐君王时所用的权术便是从荀子那里学习到的，因此通过李斯的做法我们可以知道荀子对"帝王之术"是精通的。苏轼在《荀卿论》中就曾提到："荀卿对帝王之术体会颇多，他主张礼乐的思想，但李斯用从他那里学到的思想祸乱他人。"

荀子所主张的思想从某种程度上讲，是很有深度和逻辑的，把我国朴素的唯物主义发展到巅峰。自殷周时期开始，哲学思想存在一个共同的观念，就是他们都觉得自然和社会是密不可分的，无论是什么，包括思维方式，都是在大自然的掌控之中，更有甚者还会觉得一切不公平的制度都是由上帝制造的。所以就应该服从，不允许反抗。因此对于那些原因无迹可寻的事情都归结为这种看不到摸不着的神圣力量，荀子打破了这种观念，取诸子百家的长处，总结出一个超越历史的创新思想。

荀子认为自然和社会之间并没有什么必然的联系，他觉得人应该用理性的眼光看问题，提出"天人之分"的理论。荀子认为这个动荡不安的社会和自然是没有联系的。

荀子的思想在当时的社会背景下已经是很高的境界了，他觉得人在所有生物中是最高级的，因此人类要遵循自然规律生活。比如他提倡人要耕种和生产，以农业为主，抵制铺张浪费，人们的生活规律也要遵循自然等，这些都能够体现出荀子的思想更趋于本真。如果人们违背了自然规律，那么就会受到相应的惩罚，比如忍饥挨饿、饥寒交迫、生病或其他灾难。除此之外，荀子对迷信的鬼神之说也进行了强烈的批判。对于孟子的"性善论"，他创立了一个对立的学说为"性恶论"。

荀子提出的人才是整个社会道德和国家的主要因素的观点成为他一生中最主要的成就。以荀子提出的性恶论为依据，在荀子看来，人性就是其自身的本性，是生下来就有的天性。比如人在饥饿的时候想要填饱肚子，觉得寒冷就会穿更多的衣服，感觉疲惫就想要休息。这些都在宣扬人性，事实上所指的就是自然心理状态的反应。

孟子觉得人在刚刚降生的时候是善良的，而荀子则相反，他认为人刚一出生就是带着恶念的，心中有利益和欲望，生下来就会患上疾病，或者有各种贪念的欲望。无论做什么都把个人利益放在第一位，因此人本性并不是善良的，而是罪恶的。

荀子认为人性本恶是上天赐予的，所以在他逐渐成长的过程中，会根据自己所需和身边的人发生矛盾，例如争吵和杀戮。轻者恶言中伤他人，使双

方都受到伤害，重者则会危及社会，这就是荀子的性恶论。

儒家思想有三位重要的代表人物，孔子、孟子和荀子。虽然三人都是在继承的基础上进行完善，但三人对儒学思想都有自己不同的见解。孔子和孟子的思想都相对具体，也具有一定的理性色彩。

和孔子、孟子比起来，荀子思想的理性主义并不浓厚，他的思想更加接近现实主义。他不像孔孟对道德观念进行宣扬，而是对奖惩制度尤为注重。

荀子在晚年主要研究授业和儒学理论思想，公元前238年，儒学宗师荀子去世了，寿终时七十五岁。

局势分析

荀子的理论在当时那个时代是很超前的，他已经预见到军事和思想政治之间有着必要的内在联系，但想要把这种思想政治观念带到军事训练中，这个具体的过程是怎样的，荀子对此提出了自己的见解，但内容太过空洞，同时也有些偏离现实，趋于理想化，因此不被重用。

也许，各国的君王觉得孔子、孟子和荀子都不过是只会纸上谈兵的人，他们说的话固然是有道理的，但想要真正找到治国之道还是需要有相应的方法和理论做支撑。在战火纷纷的战国时期，国家存亡才是最重要的，为何要急功近利去追求国家长治久安的办法呢？

在荀子所处的时代背景下，战国七雄纷争尤为激烈，同时也正处在政治变革时期，各国都在改革中实现发展和富强，各个国家都在为增强本国实力和国家长治久安做下一步打算。社会也呈现出进取、积极的氛围。荀子对先秦的诸子百家思想进行了批判，继承了孔子的儒家思想脉络，并且在符合大环境发展的前提下将儒学思想完善并发扬下去，他为汉代儒学独尊一方的地位做了铺垫，这种思想在历史上具有承前启后的重要意义。

说点局外事

战国时期，各类学说盛行，文化和思想领域形成了百家争鸣的景象。各个学说之间辩论激烈，它们都需要一些支持者，这样才能显示出学说的势力之大。因此诸子都比较善于传道受业和解惑，在这个时期出现了很多教育家。

荀子就是其中的一位，他在教育领域是极具代表性的人物。他的《劝学》流传至今，对后世的人们影响深远。

荀子也是与众不同的一位，他有两个很著名的学生，他们就是韩非和李斯，这两个人都是法家的代表。荀子这个儒家的集大成者，弟子却都是法家的代表，还将法家的思想继承、完善并发展到了顶峰，从这一点来看的确让人很难理解。所以有人觉得荀子的学问，虽出自孔子的门下，但又高于孔子，他所能包容的范围已经超出了儒家起初所给的。

长平之战

秦国自秦孝公时期商鞅变法改革以来，国家经济和军事实力不断得到提升，逐渐走上国富兵强的大国崛起之路。在之后几任君王的治理下，秦国的发展态势已然达到了如日中天的程度。

随着国力的强盛，秦国向外扩张的野心也逐渐滋生并且膨胀，在远交近攻、以"连横"破"合纵"的战略指导下，秦国在外交方面接连得手，之后秦军开始涌向各个诸侯国，吞并战争接连上演，秦国国土不断扩大。

在近一百年的时间里，秦军如同蚕食桑叶一样，扩张的速度虽然缓慢，但一直在有条不紊地进行，每次战役都会给对方造成重创。秦国先后破了三晋，又打败了昔日的强国楚国，之后发动对齐国的战争，虽然没有将齐国一举歼灭，但长年累月的僵持已经大大削弱了齐国的实力。由此，秦国构成了对位于山东地区六个国家的进攻局势。

因为惧怕秦国的铁骑和战车，韩国和魏国为了暂时保全国家，主动向秦国示好。南面的楚国正处于自顾不暇的状态，东面的齐国虽然有心跟秦国决一死战，但怎奈国力受损严重需要时间休养生息。北面燕国的实力在众多诸侯国中属于最差的，因此对于秦国这样一个超级强国来说，弹丸一般的燕国根本产生不了什么威胁。然而赵国却得另当别论。

自从赵武灵王推行"胡服骑射"制度以来，赵国的军事战斗力不断增强，

国力也逐渐走向昌盛。近几年的战争中，赵国的军事优势尤为突出，几乎屡战屡胜。更让秦国感到头疼的是，这时期赵国战将人才辈出，不但有难缠的廉颇和能征善战的赵奢，还有用兵如神的李牧，这几员大将有足够的能力同秦军进行周旋。

但是秦国统一天下的脚步不会因为赵国国力的强大而停止，要想统一天下就必须要拔掉赵国这颗尖锐的钉子。既然在正面交战中没有必胜的把握，那就改用其他计谋。

在丞相范雎的建议下，秦昭襄王采用"远交近攻"的战略，发兵攻打魏国，先后占领了魏国的怀地和邢丘两块地方，之后不断向魏国施压，迫使其与秦国交好。

紧接着，秦又出兵韩国，并且先后夺取了韩国陉、高平和少曲几个地方。几年之后，秦国又出兵攻占了韩国的野王，将韩国国土斩为两半。这让韩国上下陷入了深深的恐惧之中，为了保住仅剩的一点领土，韩王赶忙派人奔赴秦国，主动将上党进献给秦国，希望以此换取短暂的和平。

但是韩国上党太守并不愿意将上党交给秦国治理，相反，他将上党献给了赵国，这样做的目的很明显，他想用上党来讨好赵国，使赵国和韩国联手，形成抗秦同盟。

赵孝成王听到韩国要主动将上党献给赵国，十分高兴。虽然这时有些有远见的大臣提醒他，不要因为区区一个上党而得罪了秦国，但是赵孝成王仗着赵国实力雄厚，没有在意，仍然高兴地接收了上党，并将联合韩国抗秦的事情答应下来。

赵国的这个举动，激怒了秦昭襄王。由此，赵国和秦国之间的矛盾迅速激化，随后，秦国马上出兵向赵国发动了猛烈地攻击，最先攻打的就是韩国进献的上党。赵国在上党地区的兵力薄弱，不久便节节败退，最终退到了长平。

赵孝成王得到消息之后，十分后悔，无奈只好出兵迎战，派大将廉颇率领赵国的主力军队向长平进发，企图在长平将秦国打败后重新占领上党。

廉颇率军到达长平之后，马上向秦军发起了进攻，但由于兵力相对较弱，几次进攻都没有得手，伤亡人数也在不断增加。审时度势之后，廉颇凭借多年的经验和长平的地理情况，及时对战略战术做出了调整，将主动进攻改为防守。廉颇让士兵修筑营垒，坚守长平，秦军多次挑战都不出战，秦军久攻不下，两军呈相持状态。

秦军没有办法，就派奸细拿着千金去贿赂赵国的权臣，并且到处散布流言，说廉颇对付起来十分容易，他正在准备投降，而秦国最害怕的将领是赵奢的儿子赵括。赵王听信了这些谣言，又以为廉颇恐惧秦军所以不敢出战，就不顾众人的反对，让赵括代替廉颇。秦国知道长平守将被换，于是悄悄改派武安君白起为将，并且通令全军如果谁将这个消息泄漏，马上斩首！

赵括来到阵前，对廉颇的战术大加改革，不再采取闭门守城的策略，并且将各级军官撤换，直接派兵与秦国对抗。白起见赵括已经上当，于是假装败退，采用迂回战术。赵括以为自己打了胜仗，乘胜追击，深入到秦军的阵地。这时，白起率领的两支奇兵中的一支共有 2.5 万人，已经将赵军的回路阻拦，赵军因此陷入孤立无援的境地；另一支骑兵 5000 人，切断了赵军回营的去路，赵军因此没了退路。这样，赵军被一分为二，粮草的供给也被迫中断。于是白起调兵遣将和赵军真刀真枪打了一仗，赵军大败，再不敢应战，并且筑起工事防守，等待援兵的到来。

赵军固守的消息传回秦国，秦王认为此次战役胜券在握，十分高兴，于是亲自到河内发动 15 岁以上男子前去长平，阻断赵国的粮草与救援。赵军深陷无粮的境地，在无可奈何之下，便派人向齐国请求支援，齐王却拒绝赵国的请求。

九月，赵军断粮已经有 46 天了，士兵们都已经饿得头昏眼花，连站起来的力气都没有，甚至出现了人吃人的现象。赵军士气低落，赵括见形势已十分危急，再也无法坚守，于是破釜沉舟，直接率军冲击秦军阵地，意图突围。赵括将军队分成四拨轮番进攻，这样连续攻了四、五次，也没有成功。战斗的最后，赵括亲自率领精锐士兵浴血奋战，最后被秦军乱箭射死，赵军大败，40 万士兵全部投降。

白起见降兵太多，担心士兵叛乱，于是与部下商议："赵国人一向喜怒无常，今日若是留下了他们的性命，难保他日不会来找我们寻仇，如此岂不是养虎为患。"于是设计了一个计谋，冷血无情地活活坑杀了 40 万赵国降兵，只留下年纪尚小的240人，放他们回了赵国。

长平之战是战国时期最大的一场战役，加剧了山东各国对秦国的怨恨，不久之后，各国诸侯就联合起来共同攻打秦国，爆发了邯郸之战和五国攻秦。

局势分析

长平之战是中国历史上众多战役中开始时间最早，杀敌数量最多的一次战役，在这场战役中，秦军先后共歼灭赵军45万人之多，战争规模之大也是极为罕见的。另外，这次战役中也涌现了众多有杰出军事才能的大将军，例如战神白起和大将廉颇等等，他们如神般的用兵手法和对战事的运筹帷幄，无不体现着当时军事科学的理论水平和实践的成功程度，为后人研究战争留下了宝贵的材料。

同时，最重要的是，长平之战意味着六国中实力最雄厚的赵国由此走向没落，从此再没有一个国家能够阻挡秦国统一六国的脚步。

据史料的记载和分析，赵国最终失败并不是出于偶然。

首先，秦赵两国本身在国家实力上就有强弱之分，赵国虽然是六国中实力最强大的，但同秦国相比还是处于劣势。

其次，在战争进行的过程中，两国军事统帅在军事战略的运用水平上也有差距。秦国巧妙地瓦解了六国事先结好的战略同盟关系，之后离间计的运用使赵王犯下了不可弥补的重大错误。

最后，秦国起用白起为统帅是一个非常明智的决定，白起用他卓越的军事才能，先将赵军分割成孤立的小部队，之后再围歼，使赵军受到重创。

说点局外事

长平之战中，相传赵军被杀得片甲不留，赵军在战争中牺牲的有5万，投降之后被俘虏的有40万，投降的士兵都被秦军杀死了。对于这个说法，有学者提出了不同看法。

宋裕先生在《晋阳学刊》1983年第3期中著有《白起坑赵卒有"四十万"

吗》，之后又在《河北学刊》1990 年第 6 期发表文章《长平之战的真象》一文。

这两篇文章认为，通过赵国可能有的将士总人数来看，征战长平的军事力量还有待考证；认为白起坑杀赵军将士达"四十万"之多是夸张的说法；如果白起能够用 2 万五千人将赵军后路的援军拦截住，用五千骑兵将赵军队伍阻隔开，那么赵军的"四十万"人是不太可能的。在这场战役之前，廉颇屡战屡败，因此改为防守的战略计策，这只能说赵国的军事力量相对薄弱。赵军突围很多次都没有成功，赵括光着臂膀上阵，直到最后战死沙场，这也能说明赵军没剩下多少兵力了。因此说"长平之战和一般的大战没有什么区别"。

除此之外，邵服民先生也在《赵国历史文化论丛》（河北人民出版社 1989 年版）发表文章《秦赵长平之战赵国兵力质疑》，他认为秦军将俘虏四十五万士兵斩首是可疑的，还指出秦军是为了攻击韩国上党而来，上党是韩国兵力最薄弱的地区，秦国并没有要打一场杀伤性强达数十万的大战，赵国也不会因为这场战役动用全国之力。赵军被秦军一分为二，不能向后撤退，也不能改变方位，这就说明当时处于险要地势，空间狭小。经过实地考察之后得出：谷口虽然和《寰宇记》中所描述的"六十步"大一些，但想要将四十万大军俘虏坑杀却难以做到。因此文章说，白起并没有坑杀降军，或者杀害降军的数目和四十万相差甚远。

邯郸之战

长平之战结束后，赵国危机四伏、摇摇欲坠，于是派人贿赂秦相范雎，请求说服秦王停止战斗、撤退兵马。公元前 260 年，秦国宣布停战。即便如此，秦国野心勃勃，灭六国之心丝毫未减，因此赵国没有一天安稳日子，整日坐立不安、担惊受怕。赵孝成王并没有在长平之战后停歇喘息，而是立即发展外交，在虞卿的辅佐下，把本答应割地予秦的疆土转手送给了齐国。

城池并不是白送，赵国想要和齐国结交，共同抵御秦国，让人遗憾的是，赵国没有充足的时间进行"合纵"。祸不单行，公元前 259 年，赵国还在为长

平之战感到悲痛和惋惜，赵国邯郸就被秦军围困住。

对赵国来说，这是旧伤未好，新伤又来。赵国只能死守城池，一场大战即将到来，无法避免。赵国就像瓮中之鳖，被秦军团团围住。但赵国将士们的士气高涨，大将军廉颇挺身而出，主动请战，在国家最为难的紧要关头，他决心以身报国。赵国相国平原君令自己的妻妾加入军队中，誓死守卫城池，鼓励全国的将士们都加入这场战斗中，保卫国土。

平时贪图享乐的贵族也投身到抗秦的队伍中，把钱财用在招贤纳士上。赵国的百姓在长平之战中受到迫害，人民流离失所，百姓对秦国恨之入骨。

秦军因国力强大和丰富的作战经验而有些轻敌，然而赵国全军将士士气大振，邯郸的城墙在这样的决心下显得分外坚固高大。秦军想要尽快结束战斗，于是采取猛攻战略，赵军誓死抵挡，打击了秦国的士气。秦军将赵国死死包围，水泄不通，赵军也不甘示弱，暗自保存实力，奋力抵抗秦国。

公元前 259 年年末，秦军依然没能攻破邯郸城，在军民一心的强力抵抗下，这种力量加固了邯郸的城墙。城中的贵族不吝惜钱财，为作战提供物资。百姓们也全身心投入战争中，照顾在战斗中负伤的伤员。国家存亡的紧要关头，邯郸上下团结一心，形成了强大的抗敌队伍。

廉颇率军在邯郸城楼指挥作战，面对敌军的箭矢，他率领精良部队趁着夜晚偷偷出城。秦军因围困邯郸城久攻不下，早已身心疲惫，廉颇的军队趁机扰乱秦军，发现秦军的锐气大减，赵国的地理环境也打击了秦军的士气，连秦军将领王陵都被折磨得面容憔悴，还写信告知秦王："要么就再派些兵马前来支援，要么就让我带兵回国。"

此次攻打邯郸城出乎秦昭襄王的预料，他想用白起替王陵攻城，但白起毫不避讳地说，邯郸这场战役一定是秦国战败，因此称病拒绝作战。秦昭襄王出于无奈，只能命王龁替代王陵，在王龁的指挥下依然没有起色，眼看着秦军的实力消耗殆尽，邯郸城依然牢固得屹然挺立，秦军也只能打算把赵军困死。

秦国采取围困的策略对赵国确实产生了很大的压力，但这样死守下去不是办法，赵国势单力薄，仅凭一己之力想要使如狼似虎的秦军知难而退恐怕不切实际。因此，必须在赵国上下奋力抗秦的同时，和其他国家发展外交，寻求外力的援助，力求达成"合纵"，实现合纵抗秦。

　　但是事情并没有想象得那么顺利，事实上魏国已派 10 万兵马准备援助赵国，但又害怕秦国会对其加以报复，因此只能将军队驻扎在邯郸附近偷偷观战。然而，魏国见赵国死守城池，已危在旦夕，便派使臣新垣衍劝赵国归顺秦王。于是赵国进退两难：如果拒绝归顺秦国，就是和秦国对立，如果归顺，就要对秦国俯首称臣。前者会有挑衅之意，后者也难保获得安宁。

　　天无绝人之路，齐国人鲁仲连此时正在邯郸，他身为齐国人，深知秦齐两国势均力敌，齐国也是秦国称霸的最大障碍。此次秦国一旦攻下邯郸城，对齐国的威胁就更大了。于是鲁仲连找到平原君，主动帮助赵国劝新垣衍回国。但是如果秦国知道齐国人插手邯郸之战，必定会认为这场战役并非秦国与赵国之间的事，一定会心生顾虑。

　　鲁仲连见到新垣衍，明确了自己的立场，使劝赵降秦的新垣衍忐忑不安。

　　鲁仲连问："魏国是秦国的仆人吗？"新垣衍没有否认，鲁仲连接着说："如果是这样，那我就让秦王杀了魏王，还要将魏王剁碎。"

　　在战国时代，君王有权决定臣子的生死，然而秦魏两国地位平等，如果魏国不否认对秦国的臣服，意味着魏国愿意听秦国的话，任秦国摆布，就是说魏国的生死由秦国决定。鲁仲连把利害关系给新垣衍一一分析了一遍，如果秦国称霸，诸侯大臣的任免权就掌握在他的手上，喜欢的就任用，厌恶的就撤换掉。他还可能安排一些女人在各诸侯身边做妻妾，安排他的眼线，以后就算诸侯有什么小动作都在他的掌控之中，再也别想着能咸鱼翻身了。

　　"魏王都不能过安稳的日子，你又怎么会得到宠信呢？"鲁仲连的一席话点醒了新垣衍，在鲁仲连的分析后，他被吓得直冒冷汗，也觉得向秦国低头确实不够明智。于是他恭恭敬敬地向鲁仲连拜了两拜，发誓再也不会向秦国俯首称臣。

　　秦国暗地里观察着新垣衍的动向，后来得知新垣衍回国是因为听了鲁仲连的话，于是想起赵国向齐国献上城池的事。秦国很担心齐国会在这个节骨眼上插一杠子，况且新垣衍立场的转变也意味着赵国发展外交关系发挥了很大的作用。秦昭襄王想着，如果魏、齐两国趁秦不备，联合起来攻打秦国，秦军还能否接得住招。

秦国绝不会因为邯郸久攻不下就收兵回国，但是他更害怕的是诸侯国纷纷来袭，秦国连续征战多年，早已被拖得精疲力尽。

然而这正是赵国借此保全自己的好时机，为了能使强敌退兵，赵国必须军事外交一起抓，奋勇杀敌的同时还要与他国谋求合纵。廉颇等人死守城池的同时，文臣也没有闲着，正在开展与各诸侯国之间的外交活动，平原君打算亲自去楚国说服楚王援救。

平原君临走前带了19名文武全才随行，就在要出行的时候有一个人主动加入了队伍，这个人叫毛遂，他有着敏锐的洞察力和出色的雄辩才能，在赶往楚国的路上，他就成了平原君的得力助手。

楚国在南方，对距离自己甚远的邯郸之战自然是持"事不关己"的态度，危机没有靠近他，自然就不会轻易实施援助。果不其然，平原君拜见楚王阐明了秦国攻打赵国的利害关系，但直到第二天早晨依然没有得到楚王的召见，于是毛遂向楚王询问原因，反倒被楚王呵斥了一通。

楚王的立场已经很明确了，他不想出兵援助，于是毛遂拔出宝剑，三步并两步跑到楚王跟前说："现在大王您的命可在我毛遂的手上！"楚王被毛遂的行为吓到了，毛遂顺势把自己的想法阐述了一遍："秦国曾出兵攻打楚国，第一次一举攻破鄢郢，第二次攻打就烧掉了夷陵，第三次作战就侮辱您的先人。连这样侮辱先人的世代仇恨，大王您居然不觉得这是什么恶行。您倘若加入合纵，共同抵抗秦国，就是在为楚国洗刷耻辱，并不是为了赵国啊！"

毛遂的话使楚王无话可说，只能惭愧地说："先生说的有道理。"毛遂趁机追问："既然这样，那合纵出兵的事您决定了？"还没等楚王说话，毛遂就命其左右端来鸡马狗血，当着众人面喝了，立下盟约。楚王无奈之下，只得出兵10万，援助赵国邯郸。

就在这个时候，魏国的信陵君偷窃了兵符，带着驻扎在邯郸附近的十万兵马向赵国施与援助。转眼间，邯郸的局势发生了很大的扭转，在短短的时间内转危为安。紧接着，秦军最担心的事情发生了，楚、魏、赵三国联合起来，铆足了力气要给秦国致命的打击，纵使秦国的实力再强大也抵挡不住三国合纵。

但是此时的邯郸城也到了危急时刻，邯郸被秦军死守，百姓已被饿得饥不择食。邯郸城危在旦夕，为了能够多争取些时间，赵国的军队挑选出3000名将士组成了一支精锐部队向城外的秦军进攻，赵军的精锐果然勇猛，将秦军直逼30里外。

但是也因为这30里，牵动着邯郸城的安危。正当秦军准备卷土重来之时，楚、魏两国的援军就赶到了，齐国也在时刻关注这件事，邯郸摆脱了秦军的攻击，终于死里逃生。秦军受到楚、魏、赵的三面夹击，只好投降。

邯郸之战的失败者是秦国，战后与楚、魏、赵三国请求议和，并答应把之前占领的土地一一归还。秦昭襄王始终对赵国虎视眈眈，但有生之年他并未完成大业。秦国的白起因为觉得秦军几乎无胜算而拒绝参战，这场战争竟给他引来了杀身之祸，秦王将他赶出咸阳，接着又下令让他自裁。

局势分析

邯郸之战对秦国的军事实力是一种削弱，使秦国损失惨重，秦国统一的步伐也因此慢了下来。

邯郸之战是诸侯国合纵抗秦取得的胜利成果，这也是秦国后来改变了政策，实施远交近攻、强干弱枝策略的根本原因，将各诸侯国一一攻破，同时利用这个方针离间各国之间的关系，这在秦灭六国中发挥了重要作用。

邯郸之战是在秦国独大的政治局势下，各诸侯国之间采取合纵策略的一次重大胜利。秦昭襄王因为秦国国力强盛，而赵国实力薄弱，导致轻敌。赵国在被秦国围困的情况下，发展外交活动，而秦国则仅依靠兵力和赵国抗衡，从这个角度看，秦国已然输给了赵国。

站在秦国的角度看这场战役，秦国刚刚开战就处于不利地位，邯郸城坚不可摧，秦军却仍然坚持加兵增援，完全不考虑魏、楚两国援军的到来，作战指挥出现了问题，处理的方法也有失稳妥，因此才会以失败告终，减慢了统一六国的进程。从这场战役中可以看出，正确的指导和客观条件的具备对战争的胜利起着决定性的作用。

相传，公元前256年，赵国正因战事而疲惫不堪，在即将战败之时，燕国趁机派兵攻打赵国。在紧要关头，赵王想起了自荐的毛遂，想要封毛遂为将帅，统领军队抵御燕国的进攻。毛遂得知了这个消息，非常吃惊，于是急忙面见赵王，并非"自荐"，而是去"推辞"。拜见赵王时他说："我不能担此重任并不是因为我怕死，而是我能力不足，实在不能担此重任，我能够穿上战衣身先士卒，但绝对不能担任众兵统帅。当年自告奋勇，也是因为意气风发，这个时候我自己推辞，怎么想像到如今这个地步？"

赵王心里想："同样还是毛遂，如今却像变了一个人，真是不可思议。"但想想又不明白，于是问："先生去年自我引荐，才能胜人一筹，真可谓大丈夫，如今能够从众人中脱颖而出，到了你为国家效力的时候了，怎么像个害羞的女子呢？"

毛遂回答说："人人都有自己的长处，也有自己的短处，骐骥一天能够行走千里，但捕捉老鼠却不如蛇和猫。若要比舌辩之能非我莫属，但要说征战沙场并非我的能力，怎么能用国家的安危来试验我是否有这方面的才能呢？"

毛遂的话句句入理，但是赵王为了证明自己求贤若渴，不听毛遂的劝言，最终还是让他带兵作战。结果正如毛遂所料，他在外交上才华出众，但并不是沙场冲锋陷阵的将才，昌都这场战争中，赵军损失惨重，战场上一片凄凉的惨状让毛遂内心万分愧疚，当场自刎而死。

商人出身的秦国名相吕不韦

吕不韦，战国末年的秦国相，卫国濮阳人。曾重金资助当时还是赵国人质的秦公子子楚，并且帮助他登上秦国太子的宝座。公元前250年，秦孝文王死了之后，公子子楚回国登基即位，被称为秦庄襄王，封吕不韦当国相，号曰文信侯。

战国时期，伴随着农业、手工业的发展，私营买卖也日益兴盛，商人在那个时期很活跃。有些担当着很不错官职的官人也都弃官从商了，这些商人中不缺乏有政治头脑的人。有些商人甚至主张用兵之道来经营商铺，吕不韦则与众不同，他是用经商之道来谋取政权。

秦孝文王有二十多个儿子，但是他非常宠爱的华阳夫人却没有生下儿子。秦孝文王的一位姬妾叫夏姬，秦王不喜欢她，她的儿子子楚也同样得不到秦孝文王的重视，于是，就被派到赵国当了人质。

由于秦国多次攻打赵国，子楚在赵国的遭遇肯定不是很好，生活起居都是很简陋。这时候，吕不韦在赵都邯郸做买卖，看见子楚生活很窘迫，就有些可怜他，他认为子楚是"可造之材"，一定要帮助他夺得秦国继承人的位置。

于是，吕不韦开始游说秦国的决策层，在他的努力下，子楚最终成为合法的王位继承人。吕不韦看到自己的游说奏效后，初步完成了在秦国初期阶段的任务，剩下的就是帮助子楚回秦国了。

秦昭襄王四十七年六月，秦将白起在长平打败赵军，活埋了四十五万人。在子楚出生的那年十月，王龁代替白起当将领，攻打赵国的武安等城，赵国为了求和只好割地。公元前257年，秦国猛烈攻击赵国的都城邯郸，赵孝成王很生气，要杀了秦国的人质子楚。子楚和吕不韦花了六百两黄金贿赂看守他们的官吏，逃回了秦国。赵国当时要杀死子楚的妻子和儿子，子楚夫人仗着自己家中的强大实力，竟然秘密地逃过了此劫。

公元前251年，秦昭襄王去世，太子安国君即秦孝文王被立为王，华阳夫人成了王后，子楚成了太子，赵国也就把子楚夫人和儿子政送回了秦国。但是秦孝文王命短，登上宝座三天就去世了，子楚继位，是为秦庄襄王，继位之后称呼华阳后为华阳太后，生母夏姬称为夏太后。吕不韦担任相邦（宰相），被封为文信侯，食河南洛阳十万户——十万户农民所缴的赋税，都归他所有。自那以后，秦国的军政大权慢慢地被吕不韦掌握在手中。

吕不韦算得上是中国历史上一位奇人，他是比较善于进行大的策划，并且善于实施和完成这个策划的人。

在政治方面：一是注意聘用老臣宿将，调整好内部关系，用来稳定国内的统治秩序；二是注意发掘人才、荐举人才，让这些有可用之处的人才在统一大业中发挥其该有的作用。吕不韦是一个很有见识的政治家，刚开始担任宰相那会，他委托国事给大臣们，而不是自己独揽掌控大权。他注重起用秦昭襄王以前的一些老臣宿将，比如王龁、蒙骜等秦昭襄王时候的名将，吕不韦都继续给予他们重任，让他们在战争中发挥了重要的作用。

此外，吕不韦是不拘一格地选拔可用的人才。他担任丞相之后又招来宾客三千人，为的就是网罗大批的人才，组织一个有计划有预谋的参谋部。司马迁曾说吕不韦"招纳宾客游士，就是为了并吞天下"，这就是这件事的实质。在吕不韦编写的《吕氏春秋》中，就非常强调用贤士来治理国家、平天下的重要性。《吕氏春秋》慎行论中说道："自身定下来，国家才能平安，统治天下，必须要有贤能人士的。古代得天下的人，他之所以能得到天下，做法也是一样的。有了贤士，国不可能不安定，名声没有不显荣的；没有了贤人，国家必然就有危机，名声没有不耻辱的。"就是说明得到有能力的人才对得天下的重要性。

吕不韦认为起用了人才之后就得赏罚严明。赏罚不能因为是亲戚好友就不分清楚，而是要考虑他实绩，要做到因功授爵，赏罚必当。尽管实际上他不可能真正做到什么事情都赏罚分明，但是提出这些要求来，对治理国家、加强国力是有一定作用的。

在经济方面，吕不韦主张大兴农业和水利，来增强实力。吕不韦从地主阶级的政治需要为出发点，认为重视农业才能使民风淳朴，百姓才能乐意去劳作，边境才能到安宁，君主才能受到百姓的尊重，这样才能吞并天下，所以他强调国家必须劝老百姓务农。吕不韦还注重兴修水利，在他第二次担任丞相的期间，水工郑国修建了著名的郑国渠，明显地改善了关中地区的灌溉问题，有效地提高了农作物产量。虽说有地主阶级大肆地剥夺，但也带来了"国富民强"的历史成果。吕不韦采取了以上的一些措施之后，使秦国政局稳定，国力增强，为以后秦国的大统一奠定了稳固的基础。

吕不韦用他的个人财富影响了政治发展，他用富商的身份来参与政事，并且取得了很不错的成就，吕不韦的出身是他日后招来毁谤的原因之一。而这种从商界跨足到政界的例子虽然罕见，但对政治局势也有着特殊意义。

公元前239年，嬴政二十一岁了，按照当时惯例，第二年他就要开始执政了。此时，吕不韦却还与赵太后私通。不过，他倒是一个知进退的人，有危险的时候就让嫪毐假扮宦官进入后宫，代替自己与太后私通。嫪毐和太后生了两个私生子，太后很是喜欢，甚至还册封嫪毐为长信侯，给他俩私生子两座封地。嫪毐和太后密谋：只要嬴政一死，就把私生子立为继承人。但嫪毐无勇无谋，后来他组织进行叛乱，最后失败了。嬴政就把那两个弟弟杀了，并杀了嫪毐三族。秦王想杀了相国，但是因为他辅佐先王有功，后来他的宾客为他到处游说，最后秦王不忍治其罪。

吕不韦相国之职被罢免。茅焦去说服秦王，后来秦王把太后从雍地接回到咸阳，并且让吕不韦回到自己的封地河南。

后来，吕不韦声望越来越大，他和各国臣民都有交往。国内的老百姓既害怕吕不韦又尊重他。秦王怕他谋反，于是写信给他，说："你对秦国有什么功劳，秦国要让你坐食十万户的赋税？你跟秦王是什么关系，居然号称'仲父'？"后来秦王命令吕不韦和他的家属搬到蜀地居住。虽没有明白地说吕不韦的罪，但当时的四川是流放罪犯的地方。吕不韦知道事情已经没办法挽回，就喝毒酒自杀了。他死后，他的门客偷偷把他给安葬了。嬴政知道之后，就分别对他们进行了处罚。这场斗争以秦王政的胜利而告终。

局势分析

或许你会认为吕不韦的人生潮起潮落的，有悲伤有喜悦。在战乱年代，吕不韦能通过经商获得家财万贯很不容易。但是，在动荡年代经商就是海市蜃楼，他利用重金走上权力的顶峰是明智的选择。所以，从这点来看吕不韦是个非常了不起的政治家。吕不韦犯下的错误在于知进不知退，因为屈从于太后的私欲，而忽视了游戏的规则。

总的来看，吕不韦在历史上的地位和功绩是不可磨灭的。他曾经担任两次秦国相邦，为秦国日后的统一打下了一定的基础。尽管他和秦始皇的政治见解有所不同，后来又发生了激烈的权势冲突，但事实摆在那里，秦国的统一和吕不韦有着分不开的联系。虽然他迈上政治道路之后，难免会贪图利益和权势，但是他对秦的统一有着重要的贡献，他主持编写的《吕氏春秋》，对后人影响很深。

有一些史学家认为，如果秦始皇采用《吕氏春秋》当作他治理国家的方针，秦朝没准会长治久安的。西汉初年，统治者鉴于秦王朝速亡的教训，不得不采用黄老之说的"清静无为，与民休息"，使汉初的政局安定、经济慢慢恢复。这足以证明《吕氏春秋》的政治学说，在封建时期统一全国的理论中，并不是不可取代的。

说点局外事

秦始皇的身世常常被人们谈论，《史记·吕不韦列传》《汉书》都觉得他是吕不韦的私生子，但直到吕不韦把爱妾送给了别人十二个月之后，嬴政才降生。然而在这之前，赵姬一定知道自己是否已经怀有身孕。通常来说，怀孕两个月之后才会知道，因此如果嬴政是吕不韦的孩子，那赵姬就需要怀胎十三个月才能生下这个孩子，这并不符合常理。所以说，有人不认同嬴政是吕不韦的私生子。真象只有一个，但事实究竟是怎样的？千年来，人们为这个问题争论不休，直到现在仍然是一个不为人知的秘密。

法家思想集大成者——韩非子

韩非是战国时期韩国人，是一位伟大的哲学家、思想家，同时也是法家的代表人物。他从小在贵族家庭中长大，那个时候秦国的实力正在不断壮大，六国的实力正在不断减弱，韩非心系国家，他满腹才能，一心想要为国家效力，希望能够发挥自己的才能振兴国家。但让人为之叹息的是，虽然韩非完成学业，也有了自己独特的治国理念，但他的政治生涯一路艰辛。

早年韩非和李斯师出同门，是荀子的门下，他有出众的才华和超群的智慧，李斯都自叹不如。虽然拜荀子为师，但韩非没有继承老师的儒家思想，反而对刑名和法术很有兴趣，于是转到黄老的门下，学习法学，并继承和发展了黄老的思想，成了法家的代表人物。

韩非天生就有口吃的毛病，在面见君王的时候，想流利地讲出自己的治国思想是一件天大的难事。战国时期，可以说是辩论家的时代，流利的口才几乎是每个谋臣和有才能的贤士理应具备的最基本的技能。

韩非不能凭借三寸之舌使君王开心，更不能凭着三寸之舌辅佐君王谋划振兴国家的大业。他只能拿起笔把自己所思所想书写成文章，然后拿给君王过目。但再多的文字也敌不过侃侃而谈的口舌之辩。韩非的主张始终也没有被韩王采纳，韩非很无奈，只能先将报国的热情放在一边，以学者的身份不辞辛苦地在家里著书。

战国时期，地主阶级为了能够维护自身的利益，需要一套与实践相适应的理论作依托，韩非的法家思想恰好满足了他们的需求。

作为法家的代表人物，韩非并没有单单把法学的"法"作为理论的中心，而是将商鞅的"法"、申不害的"术"和慎到的"势"三者合为一体，第一次实现了把"法、术、势"三者统一，并强调这三者是相互牵制，不可分割的整体。

韩非认为，地主阶级要在政治上进行改革，从根本上消灭奴隶制，只有通过变法的渠道才能够实现。要想治理好国家，必须依法治国，法对一个国家来说是最基本的用来制约的规章条例，这是革新的根本。

这个制度除了君王以外，所有臣民都要严格遵守。韩非认为，对于行政官吏，应当例行法治，严格考核。

韩非继承了商鞅的"以刑止刑"的思想，在此基础上他主张重刑厚赏，"赏莫如厚而信，使民利之；罚莫如重而必，使民畏之；法莫如一而固，使民知之"意思就是说："奖赏没有比丰厚且守信更让人们获得利益了，惩罚没有比严厉且说到做到更让人觉得畏惧；法律没有比始终如一且稳定，更让人们熟知法律的尊严。"

韩非还提出"法不阿贵"这个思想，并且指出"刑过不避大臣，赏善不遗匹夫"，对权贵大臣的罪责绝不姑息，对匹夫的奖赏绝不遗漏。这是对法律在正义上的一种维护，同时也不姑息权贵，在古代思想上是一种进步。

韩非觉得权贵和法治是密不可分的，统治者想要推行依法治国，一定离不开他手中的权力，因此用法律制度巩固权力能够治理国家，而不依照法律就会发生动乱。统治者掌握政治大权，同时还需要用法律来驾驭百姓，如果说有法律有权力但没有术，那么政权即便建立了也不能稳固，君王也得不到利益。韩非一直强调术发挥的作用，君王可以不露神色，但手中掌握着一切赏罚大权。

只有"法、术、势"三者结合在一起，才切切实实构成了完善的政治体系，同时也成了封建统治下地主阶级建立中央集权的强有力的工具。在这个基础上，韩非还将老子的唯物主义无神论的思想继承、完善并发展开来，他提出"道"是天地之根本。

对事物的识别和判断对错方面，韩非有自己的检验方法，叫作"参验"。就是站在新兴地主阶级的立场上，提出新的论理和社会学说。

对于荀子的性恶理论，韩非也很赞同。因此他才会提出"人一生下来就是喜欢谋求利益"的观点，这个观点对社会发展起推动作用，对人与人之间的合作关系也有一定的促进作用。所以，利害关系是人类社会最基本也是最本质的关系。人们想要得到利益、逃避祸害，这很正常，不但不应当受到责备，还应该成为一个国家执行赏罚上的重要依托。

韩非一直以来的努力却还是得不到韩王的赏识，而秦国开始注意到这个满腹才华却不得志的人物。韩非的文章在秦国流传，被秦王看到后大为赞赏，那个时候秦王并不知道这本书的作者到底是谁，于是就问李斯，后来才知道这部著作的作者是韩非。秦王想立刻就把韩非拉到自己的战壕，他对身边的人说："如果能够见到这个人，和他结交，我死而无憾了。"

然而为了能够使韩非投奔秦国，秦王对韩国发动了猛烈的攻击，强行逼迫韩王交出韩非，并要求让韩非以韩国使者的身份出使秦国。迫于无奈之下，韩王答应了秦国的要求。

秦王见到了韩非，心里十分高兴，赞赏韩非的才能。然而李斯并不高兴，心中很担心韩非会使自己的地位受到威胁。

韩非在如狼似虎的秦国，不免会觉得力不从心。幸好秦王对韩非的才能很赏识，一心和他学习治理国家的方法，并通过学到的方法运用到实践中。而韩非觉得自己的辛苦努力都成了敌国强大的武器，毕竟是在他乡，而且是在争权夺利、明争暗斗的秦国官场。即使韩非再怎么为秦国效力，他韩国贵族的身份始终无法改变。也正因为这一点，秦王虽然非常尊重他，但也不敢委以重任。

李斯妒忌韩非，总想着排挤他，时不时会在秦王的耳边吹吹风，对秦王说："韩非有着韩国贵族的身份，心里自然是挂念韩国的，如果把他一直留在秦国，迟早会成为秦国的祸害，把他放回去对我们也不利，不如直接杀了他。"秦王嬴政听了之后觉得李斯的话有道理，于是打算把他交给审讯官。李斯为了将韩非除之而后快，找准时机，把毒药给韩非送去。韩非正想和秦王当面说出自己的心迹，还是难逃李斯的设计陷害。后来秦王想明白了，想要赦免韩非，但他早已经被谋害而死了。

封建专制理论和法家学术思想都由韩非所创，后来的学者没有人能够超越韩非。韩非作为法家的代表人物，将法家思想融会贯通，并且发展到了巅峰，为中央集权制的秦国统一提供了有利条件，同时也加速了秦国成就霸业的步伐。

除此之外，韩非在哲学上也有很深的造诣，他的唯物辩证思想在历史上具有重要的意义。《韩非子》这本著作是后人根据韩非的遗著把他的学说和思想编著而成的，其中包括很多寓言故事，构思巧妙，语言幽默风趣，描写方式上也独具特色。除此之外，他还有其他著作如《孤愤》《五蠹》《内外储》《说难》《说林》等。

局势分析

韩非的学说在历史上具有深远的影响，同时也有很强的实用性，对当时秦国实力的强大和国家的统一都具有重大的历史意义。韩非虽然死了，但秦国一直沿用着韩非生前创立的政治主张。比如，秦国统一的初级阶段，很多人都觉得商周的分封制更为适合国家的发展。但韩非的法家思想使秦国的中央集权制得到了加强，政治制度也因此发生了变化。秦始皇开始设立郡县，杀掉了反对这一制度的儒生。

站在秦王的角度看，韩非身为韩国贵族宗族，用利益诱惑也很难与秦王同心，如果把他放回韩国，恐怕日后被韩王重用会对秦国不利，应该杀了他。而站在李斯的角度看，韩非有出众的才华，但难保哪天自己会被其取而代之，也应该杀了他。李斯并没有顾念当初同窗的情谊，站在这个角度想，李斯就是"性恶论"的典型代表，他具有强烈利益关系的思维方式。

秦王嬴政时期，秦国的大臣们都坚持着一种观念："外国人来我们国家做官的，一律都赶出去。"因此他们就在全国的范围内加大排查。

当时列在驱逐名单中的还有在秦国担任客卿的楚国人李斯。在即将离开的时候，李斯心有不甘，觉得自己满腹才华就这么埋没很不服气，于是给秦王上书说："秦穆公曾经招贤纳士，只要真正有才能的人就会受到重用，西戎的由余得到了机会，东边百里奚的才华也受到赞赏，又从宋国把蹇叔接回来，从晋国得到丕豹和公孙支这些人，他们就是遇到了最贤明的国君，也因此他们的才华得以施展，秦国能够发展成为七雄之首。秦穆公在这些人的尽心辅佐下，使二十个国家屈服于他的统治，因此它能够独霸一方。除了秦穆公之外，秦孝公也并不在乎商鞅的出身，还对他委以重任，这样一来才有了著名的商鞅变法。秦国的实力逐渐强大起来，各诸侯国也敬而远之，秦国国泰民安，百姓生活安居乐业。秦惠文王采纳张仪的建议，用连横的办法使六国的合纵得到瓦解，让他们向秦国屈服。微臣举的这几位君主都能够治理好秦国，获得辉煌的功绩，这一点和客卿的辅佐是分不开的，因为他们才使秦国更加强大，巩固了秦国在七雄中的霸主地位。所以秦国不应当把在这里担任客卿的外国人驱逐出去，应该对有才能的人委以重任，也只有这样才能够建立丰功伟业。"

臣听说："如果黄河、大海不放弃涓涓流淌的溪水，就一定会使自己越来越有深度；如果泰山不拒绝一片土地，就会使自己越来越强大；如果君主不放弃百姓，就一定会使其彰显道德和品行。这是在古代就被贤明的君主创立出的独一无二的法则，同时也是有历史可以证明的。如果您放弃百姓，让他们与敌国为伍，因为是客卿而把他们驱逐出去，让他们为其他国家效力，这就如同把兵器转借给和我们作对的国家，把粮草送给强盗啊！"

秦王看到李斯的上书，幡然醒悟，立刻把被驱逐的客卿召了回来。后来秦王采纳了李斯的战略计策，私下里派一些能言善辩的说客到各诸侯国拉拢贤士。秦国虽贪得无厌，但也求贤若渴，他重视人才，利用这一点，秦国变得更为强大，诸侯国之间在争夺中实力逐渐减弱，秦国最终统一了六国。

第七章　齐国的灭亡

秦国统一六国的战争，不仅是战国末期最后的战火，在中国历史上也是封建国家统一的标志。秦统一六国的战争中，依然采取了范雎曾推行的远交近攻战术策略，使得国富兵强，运用的战略决策也灵活多变，一次消灭了诸侯国。诸侯国势力虽大，但六国在战斗中缺乏默契，各自为战，面对秦国的进攻，消极防御，最终被秦国消灭。兼并战争到此结束，从公元前230年到公元前221年，秦国花费了十年的时间，依次消灭了燕、赵、韩、魏、齐、楚六国，终于结束了从春秋开始漫长的诸侯割据的混乱局面，秦国建立了历史上第一个中央集权的国家。

助秦灭六国的大功臣王翦

王翦，是秦朝一名非常杰出的军事家，为秦朝立下汗马功劳，和白起、廉颇、李牧合称为"战国四大名将"。王翦在辅佐秦始皇统一六国的过程中多次立下战功，威名远播。

王翦出生在关中频阳县的一个寻常百姓家。那是一个英雄群起，诸侯争雄的乱世，各个诸侯国之间为争夺土地与人民，钩心斗角，战争频频发生，烧杀抢掠，无恶不作，战士的白骨堆积成山，百姓流离失所，一片狼藉。亲眼见到身边的亲人失去了家园，看着哀鸿遍野、满目疮痍的大地和那些流离失所、惨遭荼毒的老百姓，年轻的王翦心里非常难过。在那时他就发誓要练就一身好武功，熟读兵法，报效国家。在十八岁那一年，王翦听闻有招兵的消息，就立刻报名应征，在疆场之上英勇杀敌。因为王翦英勇善战，文武双全，多次立下奇功，秦始皇非常欣慰，对王翦更是器重有加。而王翦的职位得到迅速的擢升，一度荣登大将宝座，与此同时，秦始皇还授予他统率大军的权力。

秦国一连串的军事打击把赵国逼得走投无路，但秦始皇并不会因此罢手，秦始皇认为既然能在和赵国多次恶战中取得胜利，这样辉煌的成就是前所未见的，就更不能在这个时候停下来。于是秦始皇接连出兵攻打赵国，以此来消耗赵国的兵力，对赵国的军事不断施压。

秦王嬴政十八年，秦始皇兵分两路，希望可以一举将赵国歼灭。王翦由郡上出发，出兵井陉，另外，杨端和率领精锐部队从黄河北岸开始一举攻占赵国的南部地区，最后两军会和，一举灭赵。计划赶不上变化，谁知碰上了赵国大将李牧，两军足足僵持了一年多，仍旧难分胜负，双方均有得失，但是秦军久久不能够得胜，可见情况并不乐观。为了尽快结束战争，秦军采用反间计。在奸人教唆之下，昏庸的赵王杀死了李牧。李牧死了，秦军便没什么好怕的了，在短短时间内，王翦就再一次做好了与赵军决战的工作，秦军士气大振。至于赵葱与颜聚二人，王翦根本就没有把他们放在眼里，王翦率领秦军很快就在东阳一战中击溃了士气低落、军心不稳的赵军，赵葱死在了战争中，赵王迁与颜聚成了俘虏，赵国灭亡。虽然赵公子嘉这只漏网之鱼逃往代郡，并自立为王，但赵国早已经不复存在了。赵国大面积的国土均归秦国所有，成为秦郡。

秦王政十二年，这一年是惊心动魄的一年，荆轲刺秦王就发生在这一年，而这就为秦始皇讨伐燕国提供了借口。于是，秦始皇立即派王翦率领大军攻占燕国。燕王喜与代王嘉联手抵御秦国的百万大军，燕、代两国的联军由燕太子丹率领。最后，太子丹兵败于易水河边。王翦趁机攻克了燕国的都城蓟，而且取下了太子丹的首级。燕王喜逃亡辽东地区，燕国灭亡了。

在攻取了燕国的都城蓟之后，王翦便称病，希望秦始皇可以恩准其告老还乡，颐养天年。这时的王翦正处在事业的巅峰期，怎么可能舍得放弃自己的事业归隐山林呢？王翦非常的聪明，他深知功高盖主必会遭到君主和他人的忌惮，到最后必然不得善终。俗话说"伴君如伴虎"，与其将自己置于水深火热之中，倒不如告老还乡享享清福，反正自己也已经功成名就了，也不会有所遗憾了，还是把建功立业的机会留给自己的下一代吧！

秦王政二十二年的时候，秦始皇让王翦的儿子王贲带兵攻打楚国。正所谓有其父，必有其子，王贲从小耳濡目染，深得王翦的真传，大败楚兵，捷报连连，秦始皇龙颜大悦，说："真不愧是王翦的儿子。"

秦国接连获胜，势如破竹，横扫六国，继歼灭三晋后，又多次打败楚军，楚王在慌乱之中逃走。秦始皇一心想要歼灭楚国，但苦于楚国地域宽广，人杰地灵，不仅物产丰美，而且人才辈出，其实力不容小觑，是当时秦国争霸的最强劲对手。

在灭楚之战到底需要多少兵马的事情上秦始皇久久拿不定主意，便开始征求众将士的建议，但一直未有答案。秦始皇便问王翦如何看待此事，王翦道："若没有六十万大军，恐难攻克楚国。"

秦始皇被这样一个庞大的数字吓了一跳，这可是秦国目前为止能够聚集的最大攻击力量。再加上秦始皇生性多疑，怎么可能将举国兵力托付于他人呢？由于李信屡立战功，深得秦始皇的信任，于是秦始皇便决定将这个艰巨而重大的任务交到年轻将领李信的手里。于是，他便对王翦说："王将军年事已高，就连胆子也都变得小了，而李信将军英勇善战、果敢威武，他所说的话也非常有道理。"于是，秦始皇任李信和蒙恬为大将军，率领二十万大军南下讨伐楚国。因为秦始皇不信任自己，于是王翦便托病辞官，回老家养老去了。

秦军兵分两路，李信率领一路大军攻下平舆，而蒙恬率领另一路军队攻克寝丘，大败楚军。李信乘胜追击，攻占了鄢、郢等地，又继续率领大军向西进军和蒙恬军在城父会师。这时，项燕所率领的楚军正尾随其后，已经连续三天三夜马不停蹄地追赶。李信年轻气盛，再加上英勇善战，接连胜利，免不了有一些心高气傲。得意忘形的他，竟丝毫没有察觉到楚军的一举一动。在接连几天的尾随之后，楚军终于寻到了一个大好机会，迅速向李信的部队发起猛烈的进攻，接连攻占了秦军的两座营垒，斩杀了秦军七名都尉，秦军大败，落荒而逃。

李信军惨遭楚军的偷袭，损失惨重，并且楚军一直向西方挺近，意图反攻秦国。秦始皇在得知这个消息之后，龙颜大怒，此时的秦始皇十分想念王翦，他深知王翦是一个非常有远见的军事家。于是，他便亲自去请王翦，希望王翦可以重出江湖。见到王翦之后，秦始皇首先向王翦诚心道歉，王翦在听完秦始皇的忏悔后，虽然很想回到沙场，继续征战，再显雄威，但是他深知秦始皇疑心很重，尤其是对自己。于是王翦选择以退为进，婉言拒绝了秦始皇。秦始皇心知肚明，若不拿出诚意，是很难再次恳求王翦出山的。王翦的要求是派给他六十万大军，否则一切免谈。秦始皇一心想要灭楚，以消心头之恨，六十万就六十万吧，秦始皇非常爽快地答应了。

所以，王翦率领六十万大军出兵伐楚，为此秦始皇还亲自送王翦到灞上。在王翦出征之前，他曾多次请求要良田、屋宅和园地等奖赏，秦始皇都欣然答应了，而且大笑不止。在王翦伐楚的过程中，王翦一次又一次请求秦王可以多给他一些封赏。

王翦率领大军全力讨伐楚国，他不担心是否能够一举将楚军歼灭，却对"美田宅园池"颇为上心，再三求得赏赐，目的就是为了让秦始皇安心。若是这一次王翦可以班师回朝，功高盖主，必定会遭到秦始皇的忌惮。王翦是一个何等聪明的人，他早想料到了这一点，虽然他绝对没有谋反之心，但却不得不为自己找到一条退路，以便日后全身而退。

姜还是老的辣，之后，王翦再一次邀功，对此丝毫不懈怠，滴水不漏地博得了秦始皇的信任，最后得到善终。

局势分析

作为秦国能力最为出众的军事将领，王翦为秦国横扫六国、统一天下立下了汗马功劳。在王翦的带领下，除了韩国之外，其他五国全被他歼灭，为一统天下扫清了道路。

王翦一生经历过无数场战役，几乎每次都能夺取城池获得胜利。最有代表性的、且成就他一世英名的战役，就是他与楚军交战使用"以逸待劳"这个计谋的战役。

他作战勇猛，很有智谋且性情也不暴躁，这一点在当时充满血腥味的战国时代显得十分可贵。

除了能在战场上当好一名将领，王翦在朝廷中也深深懂得该怎样做好一名臣子。李斯为秦国的发展做出了巨大的贡献，但最后却落得被杀的悲惨下场。王翦同样也是战功赫赫，功高震主，但结局却与李斯截然相反，他不但保住了性命而且还被君主尊敬，他在百年之后还被后人建庙供奉。

虽然他在军事上有很高的成就，但他在政治却并没有多少建树，没能辅佐秦王建立德政，也应验了古话"尺有所短，寸有所长"。

说点局外事

我们常说的"尺有所短，寸有所长"这个成语出自《史记·白起王翦列传》，司马迁对白起和王翦的评价是："白起计谋灵活多变，名扬天下，但对于应侯的暗算他却难以预料；王翦是秦国的大将，六国平定功不可没，在当时他也是一员老将，秦始皇称他为老师，可见他受人尊崇的程度。但是他不能辅佐秦始皇以德治国，使国家的根基稳固，却在秦始皇面前一味迎合，只是为了讨秦始皇的欢心，一直到他死去。王翦的孙子王离被项羽俘虏，这不在情理之中吗？他们虽然有自己的长处，但也有自己的短处啊！"

后来世人用这个成语比喻人或事物各有其优点和缺点。

秦一统天下

公元前238年，年仅22岁的秦始皇开始正式掌管整个大秦帝国的朝政。刚上台没多久，他就对以吕不韦和嫪毐两人为首的乱臣贼子们分别进行清除，巩固了自己的王权。

经过百余年的发展，这时候的秦国同战国初期的秦国相比简直是天壤之别。自秦孝公支持商鞅变法之时起，秦国的国力每年都在增长，到秦王嬴政掌权时，国力已经达到顶峰。

在军事方面，秦国实行以郡县为单位的征兵方式，将军队的组织和纪律进一步完善，使军队整体的战斗能力大幅度提高，士兵们骁勇善战，战车和战马数量也极为充足，这样的军事素质和军事装备是其他几个诸侯国没办法比的。

在军事战略方面，由于远征过于耗费人力物力，而且数次远征取得的战绩并不理想，因此嬴政废除远征战略，采用大臣范雎的建议，开始实行远交近攻的策略，虽然这种策略导致扩张的速度有所减缓，但却能有效地巩固对占领地区的统治。

在这种战略的指导下，秦军先后将西周和东周两国歼灭，随后出兵攻占了韩国领土中黄河以东、以南等大部分地区，并建立了包括太原、三川和上党三个郡，领土面积得到进一步的扩大。优越的地理位置为不久之后统一六国、平定天下打下了坚实的基础。

正当秦国实力一天天壮大，领土面积一天天扩张之时，其他几个诸侯国的内部政治问题却愈演愈烈，各大势力为了争权夺利而相互攻击，政局十分不稳。

在经历几次战役之后，各国国力均受到不同程度的影响，不少国家元气大伤。面对秦国这个"超级大国"的威胁，六国虽然也多次建立抗秦联盟，但最终还是被秦国的连横战略先后摧毁。这种时而统一起来共同抵抗秦国，时而帮助秦国攻打别国的不稳定状态，始终没办法统一和稳定，也就不断出现漏洞，给秦国制造了很多击破的机会。

当时子顺就曾说："现在除秦国以外的其他六个诸侯国国力都已经衰败不堪，其中韩、赵、魏三国又主动提出以割地来换取国家的平安，东西两周已经被荡平，齐国、楚国和燕国也向秦国服软投降，这样看来，天下在二十年以内肯定就是属于秦国的了。"

不久，秦王嬴政便开始在大臣李斯和尉缭等人的协助下，着手制定统一六国的具体战略。

据史料分析，这个战略共分为两部分，第一部分是，趁着六国之间为了争夺权力和领土展开混战的机会，将这几个诸侯国统统消灭，统一天下。于是，秦王嬴政采取了尉缭的建议，用重金贿赂诸侯国中的重臣，将他们作为内应扰乱诸侯国的合纵计划，将六国逐个瓦解；第二部分则是，继续沿用远交近攻的战略，将诸侯国的实力按照由弱到强的顺序进行排列，以此为依据制定具体的进攻和交好的计划。秦王采取了李斯的建议，先主动向燕国示好，给燕国一些好处，由此来稳住楚国和魏国，然后趁机将赵国和韩国消灭，最后对于剩余的诸侯国再以逐个击破的方式一一消灭，最终达到统一全国的目的。

在这两个作战策略的指导下，秦国以统一天下为最终目标的战争正式拉开了帷幕。

公元前236年，赵国出兵攻打燕国，秦王嬴政看到赵国国内兵力空虚，认为有机可乘，便下令兵分两路围攻赵国。虽然并没有一次成功，但战争连续进行了数年，在这些年里赵国的兵力受损严重，国力严重衰退。秦国虽然国力强盛，但长期的战争也很难吃得消。于是，秦王将矛头指向了韩国，转而向韩国进军。

公元前231年，在秦军猛烈的攻击下，韩国南阳城被攻破。第二年，秦国大将内史滕率兵攻打韩国都城，最终大获全胜，不但占领了韩国都城，还将韩王安活捉。之后，秦王在韩国设立了颍川郡，由此，韩国正式宣布灭亡。

秦军整顿了几年之后，于公元前229年，发兵向赵国进军，这一次秦王派出的领兵大将是王翦。王翦率军迂回前进，神不知鬼不觉地到达赵国都城邯郸城外，在赵军防备松懈的时候开始了进攻。赵国也不甘示弱，派经验丰富的大将李牧迎战，两军僵持了一年左右，在这期间虽屡次开战，但因两方势均力敌，难分胜负。

秦国见势不好，便使出了反间计，赵王中计之后立刻将李牧换回城内，另派大将接手军队。临阵换将乃是兵家的大忌，赵军的士气大损，军心涣散无心再继续僵持。王翦趁机下令全力进攻，在激烈的战斗中，秦军越战越勇而赵军却节节败退。很快，邯郸被秦国占领，赵王迁也被生擒，至此，赵国也荡然无存。

在攻打赵国的同时，秦王也派了一路人马向燕国进发。在六个诸侯国中，燕国的军事实力最为衰弱，如果与秦军正面对决肯定没有一点胜算，因此太子丹决定以刺杀秦王的办法扳回一局。

公元前227年，荆轲在太子丹的指派下打着为秦王进献燕国地图的名义刺杀秦王。不料，计划刚刚实行到一半，就因为荆轲的疏忽而败露了，结果刺杀未成，荆轲还白白丢了性命。

秦王大怒，立即派兵对燕国发起攻击，虽然燕军奋死抵抗，但还是没办法阻挡秦军入侵的步伐。第二年，秦军顺利攻破燕国都城蓟，虽然太子丹没有被活捉而是在部下的保护下得以脱逃，但实际上燕国已经名存实亡。

攻打燕国的过程中，秦王已经将楚国锁定为下一个攻打的目标。

公元前225年，秦王没有听取老将王翦出兵60万的建议，只派了20万精兵南下攻打楚国。起初秦军进展顺利，一路逢战必胜，直到在城父遇到楚将项燕。在项燕的带领下，楚军进行了顽强抵抗，拼死击溃秦军的进攻。秦军总将李信率残兵逃回秦国。之后，秦王亲自登门向老将王翦赔礼道歉，并划给他60万大军再次进攻楚国，王翦大胜，并杀楚国大将项燕。第二年，秦军攻占楚国都城郢，生擒楚王负刍，在楚地设置郢郡，楚国的历史终止。

由此，北方大部分地区已经在秦国的入侵下划入秦国的版图，整个中原地区只剩下魏国孤零零的死守国土。

公元前225年，秦王派大将王贲率军，向东进攻魏国。王贲在包围魏国都城大梁之后马上修建沟渠，效仿当年智伯水淹大梁的做法，将黄河水引进城中顺利将大梁拿下，魏王假投降，魏国由此灭亡。

五个诸侯国相继灭亡之后，只剩地处东方的齐国和燕赵两国的一些残兵败将在苟延残喘。这些人一天不除秦王便一天不得安宁。于是，秦王再次派王贲北上，一举歼灭燕军，之后趁着齐国兵力空虚直接攻打齐国。

齐王大惊，慌忙中赶忙集结军队到前线支援。王贲巧妙地避开齐军主力，转而从北面进入齐国领土，面对秦军的大兵压境，齐王深知就算拼死一战也一样落得被消灭的下场，因此没有反击，而是主动提出了投降。至此，齐国灭亡。

在将六国相继消灭之后，秦王终于能够一统天下。

局势分析

秦王嬴政统一六国在我国历史上具有积极的进步意义，对历史的向前发展起到了巨大的推动作用。由此，统一成为我国历史的发展主流，同时统一也是大势所趋，更是民心所向。

第一，六国的统一结束了战国时期七雄争霸的战争局面，很大程度上促进了多民族的融合，同时兼并六国也使中国的领土进一步扩大，最终一个统一多民族的中央集权制的国家建立，使中国社会结束奴隶时代正式进入封建时期。

第二，随着国家的统一，国家所用的文字、货币、度量衡等也逐渐得到了统一，这对于国家的文化和经济发展都起到了积极的推动作用。

第三，社会环境的安定，为之后各民族间的不断融合创造了良好的社会氛围。另一方面，也使自春秋战国时期以来，众多思想家所提出的国家统一、民族融合的大胆设想得到实现，为人类社会留下了宝贵的精神和文化财富。

第四，在对待匈奴问题方面，秦始皇派大将军蒙恬率军向北追击匈奴军队三千余里，大败匈奴军，使北疆地区在很长时间内都处于稳定发展的状态。

除了上述几点以外，秦王嬴政的功劳也是不可被淹没的，他顺应历史发展的潮流，横扫六国，统一国家，为国家和历史的向前发展做出了巨大的贡献。

说点局外事

秦王有一个谋臣叫尉缭，谋划战争之时，他对秦王说："秦国现在的实力已经非常强大了，其他诸侯国都不能与之相比，若真是要比，就像郡县的小官差不多。但是最让人担忧的就是这些诸侯国联合在一起，共同进攻秦国，并不是没有这样的先例，历代很多君王都是因此送了性命。因此，大王您可以通过贿赂的方式，买通各国拥有权力的大臣，利用他们的贪婪打乱各诸侯国的计划。大王您不过损失了些钱财，但和灭六国的霸业相比，这根本不算什么。"

秦王听取了他的建议，花重金贿赂各国有权力的重臣，用钱财把韩国的叛徒招过来，将赵国的猛将陷害杀死，再将齐国坚固的防御工事拆除。他利用奸臣当道，使各诸侯国内部呈现出混乱的政治局面，利用各国大臣们的贪欲使他们作茧自缚，秦王成了这场明枪暗战背后的幕后黑手。